에덴동산 속 아담과 하와

송휘령 시집

에덴동산 속 아담과 하와

자운영 꽃

제3부

에덴동산 속 아담과 하와

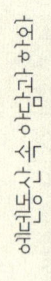

시의 차례

1부
에덴동산,
인류 창조에 대한 시

에덴동산 속 아담과 하와 1   012
에덴동산 속 아담과 하와 2   017
에덴동산 속 아담과 하와 3   023
에덴동산 속 아담과 하와 4   027
에덴동산 속 아담과 하와 5   032
에덴동산 속 아담과 하와 6   040
에덴동산 속 아담과 하와 7   047
에덴동산 속 아담과 하와 8   054
에덴동산 속 아담과 하와 9   060
에덴동산 속 아담과 하와 10   068
에덴동산 속 아담과 하와 11   074
에덴동산 속 아담과 하와 12   080
에덴동산 속 아담과 하와 13   087
에덴동산 속 아담과 하와 14   093
에덴동산 속 아담과 하와 15   098

2부
솔로몬의 여인.
술람미여인의 노래처럼~

하늘 편지지에 구름글씨 1   *106*

하늘 편지지에 구름글씨 2   *109*

하늘 편지지에 구름글씨 3   *112*

하늘 편지지에 구름글씨 4   *115*

하늘 편지지에 구름글씨 5   *118*

하늘 편지지에 구름글씨 6   *121*

하늘 편지지에 구름글씨 7   *123*

하늘 편지지에 구름글씨 8   *125*

하늘 편지지에 구름글씨 9   *128*

하늘 편지지에 구름글씨 10   *131*

3부
슬기로운 다섯 처녀,
등불에 기름을 준비하는 신부처럼~

너에게로 가는 길 1	134
너에게로 가는 길 2	135
너에게로 가는 길 3	137
너에게로 가는 길 4	139
너에게로 가는 길 5	141
너에게로 가는 길 6	143
너에게로 가는 길 7	145
너에게로 가는 길 8	146

4부
코람데오.
늘 하나님 앞에 서 있는 것처럼~

숲속에서 1	*150*
숲속에서 2	*153*
숲속에서 3	*155*
숲속에서 4	*157*
숲속에서 5	*159*
숲속에서 6	*161*
숲속에서 7	*163*
숲속에서 8	*164*
숲속에서 9	*166*
숲속에서 10	*167*
숲속에서 11	*168*
숲속에서 12	*170*
숲속에서 13	*171*
숲속에서 14	*172*
숲속에서 15	*173*

숲속에서 16	*174*
숲속에서 17	*176*
숲속에서 18	*178*
숲속에서 19	*179*
숲속에서 20	*180*

5부
마라나타.
우리 주님 어서 오시옵소서!

사랑1	*184*
사랑2	*186*
사랑3	*188*
사랑4	*191*
사랑5	*194*
사랑6	*197*
사랑7	*200*

창세기 1장 27절

하나님이 자기 형상 곧 하나님의 형상대로 사람을 창조하시되 남자와 여자를 창조하시고~

1부
에덴동산,
인류 창조에 대한 시

에덴동산 속 아담과 하와 1
-하와-

부지런한 당신은
새벽에 일어나면 먼저 부드러운 흙들을
커다란 토란잎에 담아왔어

어느 곳을 가야지만
무색. 딸기색. 도토리색. 바나나색.
완두콩색. 당근색. 체리색. 블루베리색.
가지색의 흙이 있는지 알았어

말랑말랑한 흙을 가지고 오면
나는 손바닥으로 주물주물 반죽하여
길고도 둥근 돌멩이를 가지고
너무 얇지 않게 밀어두었어

햇빛에 여러 가지 색의 점토들이
꼬들꼬들 말라 가게 하는 동안
내 손을 잡고 에덴동산 구석구석을
돌아다니며 모두에게 이름을 지어주었어

목이 아주 긴 동물에게는 기린을
코가 너무 긴 동물에게는 코끼리를
몸이 얼룩덜룩한 동물에게는 표범을
몸에 주머니가 있는 동물에게는 캥거루를
콧등에 뿔이 있는 동물에게는 코뿔소를
눈빛이 너무 예쁜 동물에게는 코알라를
몸통이 반죽 같은 동물에게는 나무늘보를

이렇게 동물들의 이름을 짓다 보면
우리들의 점심시간이 되었어

당신은 땅에 떨어진 나뭇가지를 주워
땅바닥에 동물들의 이름을 연습했어
"쐐기문자는 참 예쁜 글자야"
당신은 내 목소리에 고개를 들고
그제야 나를 쳐다보며 웃어주었어

"당신은 부지런한 나의 아담이야"

"나는 당신을 사랑해"

아담은 웃으며
나의 머리를 쓰다듬어 주었어.

#에덴동산의아담과하와
#서사시
#하와의노래
#동물의이름을짓는아담
#그것을바라보는하와
#사랑스런두사람
#최초의남자와여자

우리가 흔히 모세오경이라고 말하는 토라
구약 성서의 첫 다섯 책이다.
창세기, 출애굽기, 레위기, 민수기, 신명기.
첫 번째 책 창세기는 총 50장으로 되어있다.

50페이지가 아니라
제1장, 제2장, 제3장의 개념이다.
그림으로 치자면 1장은 배경을 먼저 만드는 작업이다.
2장은 만든 배경 위에 삼위일체의 하나님을 닮은 사람
인간창조 장면이 나온다.
흙으로 만든 아담의 창조.
그리고 혼자인 첫 번째 사람 아담을 위해

완전히 다른 또 한 명의 사람을 창조하신다.
아담의 갈비뼈로 만든 하와의 창조.
두 번째 사람 하와를 창조하신다.
완전한 남자와 완전한 여자를 만드셨다.
두 사람이 아름다운 에덴에서 동물과 식물을 다스리며
나무에 매달려있는 수많은 열매와 다양한 식물들을 먹었다.

또 하나님은 동산 중앙에 있는 두 나무 중
생명나무는 두 사람에게 허락했다.
하지만 죄악을 알게 하는 선악과는 허락하지 않았다.

에덴동산 속 아담과 하와 시(詩)는
1편에서 15편이 되는 서사시다.
에덴동산의 아름다움과 그곳의 생활을 노래한 시다.
먼저 하와가 노래한 시(詩).

에덴동산 속 아담과 하와 2
-하와-

아담의 손을 잡고
에덴을 돌며 과일을 땄어!

상수리 나뭇잎에 잔 과일들을 담아
하얀색 노각나무 꽃이 아름답게 피어있는
꽃그늘 밑에 앉아 향기로운 점심을 먹었지

이번엔 동산 모든 꽃들의 이름을 지었어

파랑색 꽃에게는 제비꽃이라고
상아색 꽃에게는 목련꽃이라고
빨간색 꽃에게는 장미꽃이라고
주황색 꽃에게는 나리꽃이라고
노란색 꽃에게는 양지꽃이라고
분홍색 꽃에게는 수련꽃이라고
보라색 꽃에게는 앵초꽃이라고

햇살이 하늘을 붉은색으로

젖어들게 가만히 두면
당신은 꼬들꼬들 말라있는 점토에
굵은 갈댓잎을 잘라 뾰족하게 만든 펜으로
오늘 이름을 지어준 동물들과 식물들의
이름을 점토에 새기기 시작 했어

당신이 갈댓잎으로 쓰고 있는
쐐기글자는 당신만큼 매력적이야

짧은 선을 한 개 혹은 두 개 혹은 세 개
긋기도 하고 세우기도 하면서
세모와 네모 그리고 작대기를 사용해
완벽한 당신만의 글을 만들었어!
오전과 오후에 만나서 이름을 지어 준
동물들의 멋진 이름과
식물들의 아름다운 이름을
당신이 정성으로 새기면
나는 이름들이 적혀있는 점토를
꽃 그늘에 가지고 가 말려주었어

쐐기문자로 이름들을 적는 동안
하늘엔 당신 미소 닮은 달도 피어나고

강아지 눈빛 닮은 별들도 피어나고
밤하늘에 반짝이는 보석들이 피어나면
부지런했던 당신 손이 멈추어 지는 시간

에덴동산에서 하와동산으로
당신이 사랑으로 오는 시간.

#문학에서서사시의양대산맥
#수메르길가메시의서사시
#일리아스오딧세이아서사시
#최초의인간창조는에덴동산
#흙으로만든신아담이야기
#갈비뼈로만든하와이야기
#에덴동산에서일어난이야기

내 시를 읽으며 생각을 해보기를 바란다.
이 세상은 하나님이 창조하셨고
에덴동산 속에서 한 남자와 한 여자를
창조하였으며 그들을 부부로 연결하여
첫 번 결혼식을 올려주었다.
그리고 그 두 사람을 사랑하게 했다.
그러니 남자가 남자를? 여자가 여자를?
혹은 아침엔 남자로 오후엔 여자로 변신?
오늘은 고양이가 되었다가
내일은 독수리가 되는?

이것은 안타깝게도 정신에 병이 든 것이고

사단의 영이 역사한 것이다.
기도를 통해 치료해야 할 문제이고
자기 자유의지 안에서 물리쳐야하며
창조질서 안에서 순복해야 할 문제이다.
반드시~~~

난 인류의 탄생이
푸르른 풀밭에서 창조주 하나님의 형상을
닮아 멋지고 근사한 아담의 모습이 좋다.

다윈의 진화론처럼
원숭이에서 사람으로 진화하는 건
진짜 상상만으로도 별루다.

이 시를 쓰려고 나름 공부 좀 했다.

난 성부하나님과 성자예수님 성령하나님
이렇게 세분의 하나님께서 집도의가 되셔서
아담과 하와를 만들었다고 믿는다.

에덴동산은 지구별 이라크 어딘가에
진짜 있었던 장소이며

하나님께서 아담을 만드신 후
거룩한 생기를 코에 넣으므로
거룩함이 몸으로 들어와
성령이 충만한 사람이 된 것을 믿는다.

하와가 어떻게 탄생되었는지~~
용이 어쩌다 뱀이 되었는지~~
궁금한가?
궁금하면 마지막까지 차분하게 읽어주길~

총 15편의 시다.
아름다운 에덴동산 속 남자와 여자의 이야기.

에덴동산 속 아담과 하와 3
－아담－

에덴동산 어디를 가 봐도
당신같이 아름다운 곡선을 지닌
동물은 만나지 못했었다
당신이 가진 가슴은
부드러운 흙보다 더 부드럽고
당신이 가진 허리는
내 얼굴을 비추이며 흘러내리던
시냇물보다 맑고 고왔더랬다
당신이 가진 피부는
에덴동산에 피어있는 어떤 꽃보다
향기롭고 그윽했었다
당신은, 아버지가 나를 잠들게 하고
만드신 완벽한 하와다

새벽같이 일어나
점토를 만들어 글 작업을 준비하고
수많은 새들과 수많은 공룡들과
수많은 동물들과 수많은 나무들과

수많은 꽃들과 수많은 식물들과
수많은 물고기들과 수많은 무생물들과
이야기를 나누어도 당신이 없던
이곳 에덴동산은 쓸쓸하고 고독하였다

나의 갈비뼈에 들어있는 정확한 DNA를
분석하고 분열시켜 다시 통합하여
보라색의 염기쌍 base pair과
빨강색의 당과 인산 백본(back bone)
두 개의 긴 가닥이 서로 꼬여있는
이중 나선 구조의 고분자 화합물
시토신, 구아닌, 아데닌, 티민의
염기서열이 스스로 복제하는
유전정보를 통해 유전자발현이 일어나
나를 닮은 당신이
디옥시리보오스를 함유하는 핵산,
바이러스의 일부 및 미토콘드리아 DNA
세포소기관 등을 통해 탄생되었다

무균실 같은 초록의 벌판에서
막 마취에서 깨어났을 때
나와 닮았지만 완벽하게 다른

산처럼 높지만 골짜기처럼 깊은
꽃보다 향기롭고 꽃잎보다 부드러운
긴 머리카락의 당신이 누워있었다

내 뼈 중의 뼈요 살 중의 살인
나의 분신인 당신을 나는
나의 사랑 나의 신부라고 칭하며
하와라는 멋진 이름을 지어주었다

내가 당신을 만들던 날들을 추억하는 동안
하루 종일 나를 따라다니며
일을 돕느라 피곤했던 당신은
지금 내 갈비뼈가 사라진 그곳에서
쌔근쌔근 소리를 내며 잠들어 있다.

#이시를읽는사람이반드시알아야할것은
#인류최초사람은바로이곳에덴동산에서
#집도의하나님
#마취의예수님
#간호사성령님
#너무나잘된완벽한수술이었다
#아담의갈빗뼈로하와를만들다

어때요?
상상이 가나요.

이 세상 첫 번째 부부의 탄생
가장 아름다운 신부의 탄생
가장 늠름한 신랑의 모습

우리들의 조상님 되시는
에덴동산 속 아담과 하와가
머릿속에 그려지시나요?

에덴동산 속 아담과 하와 4
-아담-

에덴동산엔 그 어떤 동물보다
지혜롭고 명석하고 통찰력이 있는
동물이 있었다

나의 몸에서 하와가 탄생하기 전
나는 이 동물과 가장 자주 만나서
에덴동산의 행복과 평화에 대해
이야기를 나누기도 했었다

유난히 장난치는 것을 좋아해
가끔 붉은 꽃들을 입에 아주 많이 넣었다가
피처럼 뱉어내며 아픈 시늉을 하기도 했고
침을 뱉듯 짓이겨진 꽃들을 힘껏 뿜어내어
녀석의 입속에서 불덩이가
나오는 것처럼 보이게 하기도 했다

똑똑하지만 욕심이 있고 질투가 많았던 녀석은
에덴동산에서 내가 다른 동물들과

더 친밀하게 이야기를 나눌 때 마다
진짜 불같이 화를 내거나
심통을 부리기도 했다

사실 이 녀석의 이름을 짓기가
가장 어려웠고 가장 고민을 많이 했었다
낙타 얼굴, 토끼 눈, 돼지 코, 사자머리,
매의 발톱, 사슴 뿔, 소의 귀, 메기수염
호랑이 주먹, 잉어의 비늘, 등에 공룡들처럼
81개의 큰 비늘이 한 줄로 있던 동물
특히 목 밑에
한 개의 커다란 비늘을 중심으로
반대방향으로 나있는 49개의 비늘,
나는 녀석의 급소를 역린(逆鱗)이라 불렀다

그래서 녀석의 이름을 짓기가 실상은
가장 어렵고도 힘든 과제처럼 느껴졌다
아주 오랫동안 이름이 없어
나는 녀석이라는 이름으로 불러주었다
참으로 잘생긴 그 녀석의 이름은
아주 우연히, 엄청 우습게 생긴 것이었다

점심을 먹고 나면 심심했던 나는
가끔 녀석과 에덴동산의 나무사이로
달리기 시합을 하곤 했는데 질것 같으면
녀석은 치사하게 하늘로 날라서
먼저 도착한 후 나에게 이렇게 말했다

"용용 죽겠지~ 아담!"
"용용 죽겠지~ 아담!"

나는 그때부터 그 녀석을 용용이라 불렀다.

\#원숭이DNA와인간의DNA는
\#기본판구조가달라도너무달라
\#오스트랄로피테쿠스아닙니다
\#크로마뇽인아님아담과하와임
\#흙으로아담을만들었다고하니
\#진흙으로도자기만드는줄착각
\#성부성자성령의형상으로지음

성경책 창세기 2장과 3장에는
에덴동산에서 일어난 일이 적혀있다.

이 두 장만 가지고 이 시(詩)의 시리즈를
15개나 만들어내기엔 너무 글 재료가 빈약해
이스라엘의 고지도와 세계사
수메르문명 전 이야기와
구약학에서 말하는 에덴동산에 대한
고증을 읽으며 시(詩)를 썼다.

또 가톨릭에서는 외경으로 읽혀지는
에녹서의 천사들에 대해 고증했다.

마치 한 편 한 편이 짧은 영화처럼 써보았다.
총 15편중에 용의 이름을 짓는
이 부분의 상상력이 가장 힘들었는데~~~

에덴동산 속 아담은 너무 지혜로워서
동, 식물들의 이름을 지을 때 특징이나
모양을 가지고 이름을 지었다.

하지만 아무리 상상력을 동원해도
용의 이름이 나온 이유를 찾을 수 없어
작가 스스로 재미난 상상력을 동원해 보았다.

하지만 용은 실제 있었던 동물이고
하나님께 벌을 받아 뱀이 되었던 동물이다.

에덴동산 속 아담과 하와 5
-아담-

새벽 미명에 땅으로부터
스멀스멀 올라 온 물안개는
숲속을 어린 아이처럼
여기 기웃 저기 기웃거리며
나무들의 투명한 물빛 잎들을
푸르게, 푸르게 적셔 놓았다

새벽녘 천둥의 숨소리 따라
가끔은 나뭇잎들이 파도처럼 춤을 추었다
푸른 나뭇잎들의 군무(群舞)는 너무 아름다워서
쳐다보고 있던 새벽녘 눈물이 났다
맑고 아름다운 것들에는 이상하게도
이슬처럼 청량한 눈물이 솟는다!

갈비뼈 한 조각으로 만들어진
하와는 내 곁에 아직 잠들어 있다
강아지처럼 쌕쌕거리는
콧바람소리가 사랑스럽다

사랑한다는 쑥스러운 말 대신
나는 자주 듬직한 두 손으로
하와를 쓰다듬어 주었다

천둥이 또 커다란 숨을 쉬었다
땅위에 나지막하게 핀 꽃들이
바닷가의 밀려오던 하얀 포말처럼
천둥의 숨소리를 따라 출렁거린다!
하늘 위에서 천천히 햇살이 피어오르고
나무 사이로 비추인 빛살은
자귀나무 붉은 실타래처럼
얇은 꽃송이들 사이로
빛살을 신나게 뿜어댔다

뿜어진 빛살의 따스한 햇볕이
하와의 얼굴에도 골고루 뿌려진다
이 세상에서 가장 어여쁜 나의 신부다
하와가 가장 좋아하는 향은

자귀나무에서 나는 붉은 꽃향기다

우리가 잠을 자는 동안 자귀나무는
우리들을 위해 실타래 같은 꽃잎을
뚝뚝 떨어뜨리며 밤새도록 향기를 풍겼다
아침이면 자귀의 붉은 꽃잎들이 이불처럼
하와와 나의 몸 위로 떨어져 내렸다

하와가 일어나기 전 아침식사로
생명나무 열매를 따서 가져와야 했다
에덴동산 중앙에 있는 두 그루의 나무
선악을 알게 하는 나무와 생명나무
이곳에 갈 때 펼쳐지는 아름다운 풍경
돌들이 꽃처럼 피어나는 곳을 지나야 한다!

사암이 벚꽃처럼 연분홍색 규암이 되고
석회암이 목련처럼 하얀색 대리암이 되고
현무암이 완두콩처럼 녹색의 편암이 되고
화강암이 시루떡처럼 흰색 검은색으로
결결이 색이 다른 편마암이 되고
이곳의 돌들은 팝콘처럼 터지고
이곳의 돌들은 꽃처럼 피어난다!

이렇게 에덴동산 정중앙 주변에는
돌들이 끊임없이 별처럼 탄생하고
아버지께서 허락하신 생명나무와
아버지께서 금하신 선악과나무가
불멸하는 천사들처럼 늠름하게 서있었다

생명......
선과 악......

#DNA3차원지도를본적이있는가
#길이2미터크기의DNA에기록된
#수십만분의일미터세포핵안에는
#나의유전자정보가기록되어있다
#감고접고꼬아서촘촘히저장하고
#뼈가되고피부가되는세포분화는
#유전자정보를켜고끄는주요변수

아들이 점점 자라 중학생이 되면서
나에게 진화론에 대해 물어오기 시작했다.

"엄마 교회에서 배운 성경의 세계관과
학교에서 배운 세계관은 달라요!
창조론과 진화론은 충돌하는데~
왜 그러죠?"

그래서
아들을 이해시키기 위해 공부를 시작했다.
기독교 물리학이나 지질학. 우주학이나
천문학에 관심을 가지기도 하고
인간의 유전자와 염색체를 들여다보기 시작했다.

사실 난 쫌 무식해서 수학이나 물리나
기하학처럼 깊고 깊은 학문들을 이해하기 어렵다.
인간의 유전자와 염색체를 아무리 들여다봐도
잘 알아볼 수도 알아낼 수도 없었지만
원숭이가 조상이 아닌 것만은 충분하게 밝혀냈다.

당신은
비행기가 중력과 양력이라는 양쪽 힘을 이용해서
지구 위 하늘에 길을 만들어 하늘을 날고 있는데
당신이 혹 수학이나 물리학박사라면
하늘의 길을 수학공식으로 한 번 표기해 볼 수 있겠는가?
또 그런 수학공식을 우리가 본 들 알 수나 있겠는가?
하지만 여전히 하늘위로 비행기는 날아가고 있다.

예전 과학이 인간의 Genom을 찾아내기 전
우리는 흙으로 하나님이 사람을 만들었다고 말할 때
믿음으로 받아들였다.
노아 홍수 이전 수메르 사람들의 지성은
어쩜 지금의 우리처럼 수학이나 물리학이나 기하학,
의학이 고도로 발달된 문명을 살았을지도 모르겠다.
모든 문명인 지성을 포함한 고도의 문명이
홍수로 다 떠내려가고 난 후

다시 시작할 때에는 사람들, 노아의 후손들에게는
미토콘드리아 같은 이야기는 귀신 씨나락 까먹는 소리보다
더 멀게 느껴졌을지도 모른다.

나름 발전된 문명,
기원전 3200년부터 기원전 332년까지
3천년 동안 존재했던 이집트문명 시대
이스라엘 요게벳의 아들로 태어났지만
이집트왕자가 되어 당시 왕가의 명문 있는 교육을 받으며
당대의 가장 높은 교육적 차원으로 모세 오경을 썼지만
인류의 탄생을 흙으로 사람을 만들었다고 썼다.

나 또한 인간의 유전자와 염색체를 들여다보면서
너무나 신기하고 너무나 고차원적이고 전문적인 이야기라
이곳에 피력(披瀝)할 수가 없다.

하지만 다윈의 진화론이 아니다 라는 것은 알겠다.
다윈의 진화론에 의거하여 적자생존으로
적합한 자가 살아남는 뉘앙스로 이해하면 이렇다.
원시인류가 시간에 따라 거주하거나 환경에 따라 진화되어
오스트랄로피테쿠스, 호모에렉투스, 호모사피엔스 등
생명과 지구변화에 따라 변화된 모습이 된다.

원숭이에서 사람에 이르기까지에 대한 가설은
읽으면 읽을수록 아닌 것이 분명하게 느껴졌다.

해서 다윈의 진화론을 적극적으로 반대한다.
하지만 그 시대의 과학으론 어려웠을 테니
다윈을 용서하겠다.

나는 창조론자다.
태초에 하나님이 천지를 창조하셨다.

그도 지금쯤은 천국이든 지옥이든 한곳에서
진화론을 주장한 것에 대해 후회하고 있을 것이다.

에덴동산 속 아담과 하와 6
-하와-

자귀나무의 붉은 꽃향기로 잠이 깨이면
얼굴 가까이에 있던 당신의 손
자고 있는 나를 위해 손 커튼을 해준
당신의 달달한 행동은
하나님 아버지의 DNA야?

가늘고 하얀 내 손을 올려
당신의 손 커튼을 더듬거리며 손깍지를 해
그럴 때마다 환하게 웃어주는
당신의 미소와 가지런한 치아는
나를 황홀하게 해

당신은 나의 원천(源泉)이야

그럴 때마다 나는 다시 당신의 갈비뼈로
그 고향 땅 사이로 되돌아가고 싶은 심정이야

난 당신이고 당신은 나야

당신 손에 내 손을 끼워 넣어
손깍지를 하고 일어나면
붉은 실타래 꽃이 내 두 가슴 위에서
배와 배꼽 위에서 어깨와 허벅지 위에서
여기저기 피부 위에서 무늬처럼 쌓여 있다가
우수수 소리를 내며 떨어져 내렸어

참으로 향기로운 아침이야
"아담, 당신은 나의 최고의 낭군(郞君)이야
당신을 이 세상의 어떤 것보다 사랑해!"

생명나무의 열매를 아침으로 먹자
온 몸과 정신에 새 힘이 생겨났어
이 과일은 정말 신기하고 놀라워
하나님 아버지는 최고의 창조학박사(創造學博士)야

날마다 에덴동산에서 하나님의 창조물들이
땅에 충만한 것을 보면서 감탄과 감동해

근본(根本)바탕으로 충만한 것들에 늘 탄복(歎服)해

당신의 손을 잡고
에덴동산 첫 번째 강(江)으로
비손 강줄기를 따라가는 동안
해안가는 순금으로 되어있어
당신의 멋진 몸과 나의 아름다운 몸을
우리에게 아른아른 비쳐주었어

꽃잎처럼 아름다운 우리들의 몸이
순금의 땅바닥에 아른거렸어
꽤 오랫동안 걷고 걸어서
비손강가에 이르자 강에는
함박꽃처럼 하얀 베델리엄진주와
자귀 꽃 같은 붉은 호마노가
모래알처럼 많았어!

당신은 잡고 있던 내 손을 놓고
늘 부지런했던 두 손으로
강가에 쌓여있는 호마노와 베델리엄을
수북하게 퍼 올려서 나를 향해
한쪽 무릎은 세우고

한쪽 무릎을 꿇고 앉아서
커다란 목소리로 강가에 울리 듯 말했어!

"내 뼈 중의 뼈요~
내 살 중의 살이라~
남자에게서 취하였은 즉
여자라 부르리라
하와 너를 너무도 사랑해
에덴동산 그 어떤 동물과 식물보다
너를 아주 많이 사랑해~"

아담이 처음으로 사랑한다는 말을 했어
손에 한 가득 보석들을 들고서
눈물이 차올라 고개만 끄덕였어
당신은 보석들을 땅에 쏟으며 일어서서
두 손으로 내 볼을 감싸 쥐고
깊고 뜨거운 입맞춤을 해주었어!
길고도 긴 입맞춤을

그러는 동안

당신 뒤로 펼쳐진 비손강가

물빛 하늘 위로 서서히 석양이
샐비어 꽃보다도 더 붉게
물빛 하늘을 물들이고 있었어
당신은 그날 그렇게 붉은 노을처럼
내 속으로 깊고도 붉은 빛으로
찬란하게 들어왔어

'아담 당신을 정말 사랑해!'

#전두엽의브로카영역언어의발성목소리
#측두엽의베르니케영역에서언어의이해
#측두엽해마학습의기억기능을수행한다
#전두엽측두엽후두엽이있는대뇌의활동
#감각지각운동기술상상력추리력통찰력
#언어능력자율신경계조절호르몬조절을
#아직도뇌에대한기능을다적지못했는데

창세기 2장에 나오는
아담과 하와의 활동들은 몇 줄 되지 않는다.
기도를 드리며 그 시간들을 쫓아가 본다.

소설가적인 상상력을 가지고 말씀에 벗어나지 않은
상태에서 가장 아름답게 표현하려고 애를 썼다.
내가 20대 때 본 영화 아서왕 이야기 중
전설의 무기 「엑스칼리버」에 나온 장면으로
숲속에서 누워있던 남녀주인공의 아름다운 전라(全裸)가
내 인생에서 본 가장 아름답고 순수하고
거룩하기까지 한 모습이었다.
한 남자와 한 여자의 사랑은
하나님께서 허락하신 거룩한 성이며 부부놀이다.

그 기억을 더듬어 6번째 작품이 나왔다.

이 세상의 모든 아담과 하와를 축복하며~~

에덴동산 속 아담과 하와 7
-아담-

지식의 천사 케루빔
에덴동산 위를 가끔 날개를 펴고
새들처럼 날아다니기도 했어

태고의 정원
환희의 동산
아담의 고향

이곳 에덴동산에는
하루도 거르지 않고 솟아오르는
마르지 않는 샘이 있어
바다처럼 깊고 푸른 호수가 있지
Emerald 호수에 다양한 물고기들이 살아
매일 매일 솟아오르는 큰 샘으로부터
네 개의 강이 흘러 바다로 갔어

첫 번째 강 비손
Mystic Gold로 가득 찬 하월라 땅을 흐르다

호마노와 베델리엄 진주를 강 주변에
Ruby Red색과 Gohun색으로 물들이고
다시 바다를 향해 출렁출렁 흘러갔어

두 번째 강 기혼
구스 온 땅을 두르며 Birch Brown
Ebony Black의 커피콩나무가 가득한
에티오피아의 Zippy Green빛 수풀사이를
지나 바다를 향해 출렁출렁 흘러갔어

세 번째 강 티그리스
앗수르 동쪽으로 흘러 Ent Green의 숲속
수많은 공룡들이 Mint Blue 하늘을 날거나
Sylvan Green 땅위에서 뛰는 것을
묵묵히 바라보며 공룡들이 뛸 때마다
땅이 흔들려 물결까지 흔들리는 것을
스스로 느끼며 출렁출렁 바다로 흘러갔어

네 번째 강 유프라테스
메소포타미아지역으로 스며들어
Pomegranate, Kiwi, Mango, Orange,
Apple, Lemon, Grape, Strawberry

알록달록 온갖 종류의 열대 과일 나무들이
드넓은 초원에 그림처럼 심겨진 장관을
쳐다보면서 출렁출렁 바다로 흘러갔어

튀르키예로 스며들어 흑해로
시리아로 스며들어 지중해로
이라크로 스며들어 홍해로
티그리스와 유프라테스로 스며들어
페르시아 만으로 흘러들어갔지

Bubble Blue, Echo Blue,
Mermaid Blue, Undine의
푸르고도 고혹적인 물의 근원
하자르 호수가 나는 참 좋아

오늘 아담은
에덴동산 중앙에 있는
바위들의 빅뱅지역
그곳에서 활동이 많은지 늦네?

지식의 천사 케루빔
또 Mint Blue의 하늘을

새처럼 날고 있네.

#수메르문명시대노아의홍수를알고있는지요
#겁나게발전했던수메르문명을알고있는지요
#길가메시의서사시를읽거나들어본적있는지
#길가메시는법이나건축을할때우주의지식인
#세계사를공부할때언어상인종상대한민국은
#언어상우랄알타이어계우랄산맥을넘었어요
#인종상셈계인데셈은노아의첫번째아들입다

반지의 제왕을 쓴 남아프리카공화국출신의
영미작가인 J. R. R톨킨은
성경 속 가나안 땅에 살고 있던
여러 부족을 소설속의 종족으로 만들었다.

절대반지를 파괴하기 위해
원정대를 떠나는 날은 12월 25일에
리븐 델을 떠나 프로도와 샘이 우여곡절 끝에
운명의 산에서 반지를 파괴하고 사우론을
멸망시키고 새 시대가 시작되는 날이
곤도르 달력으로 3월 25일이다.
3월 25일은 가브리엘 천사가
마리아에게 예수의 잉태를 알려준 날이기도 하고

33년 공생애를 마치고 십자가에 달려
돌아가신 날 이기도 하다.

여기에 처음과 마지막에 등장하는
케루빔천사는 제 2계급인 지품천사이다.
잠시 가톨릭에서 정리해둔 천사의 세계에
천사의 품계를 공부해보자.

제1계급 치품천사 세라핌.
제2계급 지품천사 케루빔<창세기 3장 24절>
치천사였던 루시퍼는 날개가 12장이고
메타트론은 날개가 36장이다.
치천사, 지천사, 좌천사의 상위 3계급은
이름을 알려진 몇몇을 제외하면
대개 인간의 모습을 하고 있지 않고
<섹스피어의 한여름 밤의 꿈에나
베르나르 베르베르의 신에 표현된 반신반인>
다수의 날개와 많은 눈을 가진,
상상하면 기절할 외모를 가진 것으로 그려진다.
그러니까 그리스로마 신들이 어디에 속했는지
약간 감이 오기를 바란다.
세 번째 우주와

두 번째 우주에 그들이 존재하므로~~

분명 사도바울은
세 번째 하늘에 천국이 있다고 표현했고
우리가 싸울 싸움은 혈과 육이 아니라
저 공중권세를 잡은 자들과의 싸움이라 했으니
이제 곧 영화에서 본 영웅들 헤라클레스나
어벤져스 팀이 공중에서 내려와
사람들을 미혹케 할 것이다.
요한계시록을 자세히 읽어보자.

에덴동산 속 아담과 하와 8
-하와-

당신은 너무 오랜 시간 동안
나를 하자르호숫가에 두고 갔어!
신비로운 빛을 발휘하는 빅뱅의 돌무더기
뜨거운 열로 암석들이 재탄생 하는
그곳에서 너무 오랜 시간 지체했어!

당신을 기다리는 동안
Mocha Beige 바다표범과
Ebony Black 향유고래와
Egyptian Blue 하자르 호수(湖水)에서
비손과 기혼 티그리스와 유프라테스
강(江)이 시작되는 곳을
몇 번이나 오고가며 당신을 기다렸어
결국 당신 대신 Green Scarab빛을 띤
용용이 하늘을 날아 나에게로 왔어
당신이 있는 곳으로 데려다 준다고
나는 용용의 등에 올라타 하늘을 날았어
몽환적인 Bubble Blue의 구름이

우리 곁을 바람처럼 스쳐갔어

"하나님께서 '너희는 동산의 어떤 나무에서
든 지 열매를 따 먹어서는 안 된다'고 말씀
하셨다는데 정말이냐?"

하늘을 날면서
용용이 나에게 질문을 했어
나는 용용에게 갑자기 질문을 받아
너무 당황해서 답을 금방 찾지 못했어,
당신이 알려준 말이 생각이 나지 않았어!

"우리는 동산에 있는 나무 열매를 먹어도 돼
그러나 동산 한가운데 있는 나무의
열매만은 '너희가 죽지 않으려거든 먹지도
만지지도 마라'하고 하나님께서 말씀하셨어!"

용용이 도착한 곳에 당신이 없었어

빅뱅의 돌무더기 암석골짜기들을 지나
동산의 두 그루의 나무가 있는 곳
그곳에 나를 내려주었어

"너희가 결코 죽지 아니하리라
너희가 그것을 먹는 날에는 너희 눈이 밝아져
하나님과 같이 되어 선악을 알 줄 하나님이 아심이라"

용용의 말을 듣는 순간 생명나무 옆
선악과나무의 열매가 너무 탐스러워 보였어
동산에 있는 어느 나무의 열매보다
아름답고 탐스럽고 향기롭게 느껴졌어
손이 저절로 올라가 열매를 따먹고 말았어
동산 어느 열매들보다 과육의 맛이 달랐어!
선악과 열매를 다 먹을 즈음 당신이 왔기에
나는 열매를 따서 당신에게 주었고
당신은 내가 준 선악과 열매가
무슨 열매인지도 모른 체 받아서 먹었지
과육의 과즙이 목구멍을 넘어가자
나는 나의 벗고 있는 나체를 보았어
당신도 벗고 있던 당신의 나체를 본 듯
달려가서 무화과 나뭇잎을 따가지고 와서

나에게 무화과 치마를 만들어 주었지
당신도 무화과 나뭇잎 치마를 만들어 입었고
우리는 우리에게 일어난 일에 대해
채 알기도 전에
무언가 무섭고 두려운 마음이 몰려왔어
당신은 떨고 있는 나를 꼬옥 안아주었지
하늘이 Ruby Red빛으로 물들고
나무들 사이로 바람이 불기 시작했어!

Green Scarab빛을 띤 용용은
하늘을 맴돌면서 우리를 쳐다보고 있었어.

#앵프라맹스를아시는지요
#지성에서영성으로를쓰신
#이어령교수님의수필집엔
#앵프라맹스에대해이야기
#부모자식관계에도있어요
#친한부부사이에도있어요
#뜨거운연인사이에도분명
#친한친구사이에도있어요
#좁고작고얇은마음의틈새

돌에 관한 공부를 할 때
물리학과 화학의 어떤 반응으로
마치 우주에서 빅뱅이 생겨나는 것처럼
돌들 중에 어떤 돌은 순간적으로 만들어지는 것을
알게 되었다.

어제 EBS에서 하는 「세계 속으로」에서는
여행프로그램 중 러시아의 한 평원에 박혀있는
일곱 개의 뾰족한 돌덩이를 보면서
나는 바로 거인 족이 한 행동인 것을 알았는데

여기서 거인 족이라 함은 노아의 홍수 전
천사들과 사람 사이에 자식들이 생겨났고
<헤라클레스>
그들은 아낙자손의 조상인 거인 족이 되었다.
칠레 이스타섬에 있는 모아이 석상은
높이 3.5미터에서 20미터 크기의 석상이 600개나 있는 섬이다.

저것을 이해하고 '그럴 수 있어' 라고 고개를
끄덕이려면 '성경의 내용이 맞다'고 해주어야 한다.
거인의 얼굴이 땅속에서 해골로 발견되었을 때
고고학자가 옆에 서서 사진을 찍으니
현 인류의 크기는 해골보다 작았다.
노아의 홍수가 지구에 필요했던 것이다.

성경 창세기 6장5절의 네피림은 거인 곧
골리앗 같은 사람을 이야기한 것이고
프랑스작가 베르나르 베르베르의 소설
(제3의 인류)의 이야기다.

에덴동산 속 아담과 하와 9
-아담-

아름답고
향기롭고
고즈넉하고
사랑스러움이 넘쳐
풍요로웠던 에덴동산에 슬픔이 내렸다
먼 하늘에서 슬픔이 소리 없이 내렸다
슬픔이 내려오는 것이 보였다

에덴동산의 수많은 나무들 사이로
끊임없이 색을 바꾸며 빅뱅을 하던
색색의 터지고 있던 암석(巖石)들 사이로
작은 꽃들이 개화(開花)하고 있던 꽃잎 사이로
평화스럽게 놀고 있던 동물들 사이로
하얀 구름 위를 날던 새떼들 사이로
천천히 열매들을 따먹고 있던 공룡들 사이로
Emerald Blue 호수의 물고기들 사이로

방울방울 비눗방울처럼

모든 피조물(被造物) 사이로 슬픔들이 떠다녔다

하늘에 검정구름이 몰려왔다
단 한 번도 이런 류(類)의 구름을 본적이 없었다
무성한 나뭇잎의 공간 속 짙은 녹음
그 깊고 짙은 녹음사이로 숨어있던 Dark Green
두려움이라는 감정이 편도체와 해마
안와전두엽에서 동시에 느껴지기 시작했다
심장이 벌렁거리기 시작했다
겁먹은 아내를 위해 표정을 감추었다

에덴동산에 바람이 불기 시작했다
나무들은 격하게 흔들리며 몸살을 앓았고
꽃들은 생기(生氣)를 잃고 뚝뚝 떨어져 내렸다
싸늘한 냉기(冷氣)가 도는 차가움이
하늘 꼭대기에서도 내려오고
땅의 여러 색 점토(粘土)에서도 솟구쳤다
부드러운 흙들이 굳어져 가고 있었다

아버지가 에덴동산으로 걸어오는
발자국소리가 들렸다
삼라만상(森羅萬像)이 소리를 멈추고
마음을 내려놓고 경외심(敬畏心)을 갖추었다
은방울꽃이 겸허(謙虛)하게 고개를 숙였다

나는 아내의 손을 잡고
동산의 나무 밑에 숨었다
흙으로 만들어졌으니
흙처럼 보이길 바라며
납작 엎드려 있었다.

#인류의서사시입니다
#인류의탄생을노래함
#우린하나님의창조물
#우린원숭이가아니야
#바닷물속아메바조상
#플랑크톤더더욱아냐
#난창조론을믿습니다

지금도 공부한다.
어떻게 해야 많은 사람들의 머릿속에서
뿌리박혀 있는 진화론을 창조론으로 바꿀지를 말이다.
무신론을 포함한 다양한 신들과
세계적인 문학가들의 인본주의로 꽉 들어찬
그들의 모든 세계관을 신본주의로 바꿀지 말이다.

얼마 전 월트 디즈니사에서 만든 다큐멘터리 중
알버트 린의 다양한 다큐멘터리를 보면서 설교를
따라 쓰듯 그가 이야기 하는 것을 필사했다.

21세기에 사는 그는 참으로 멋진 방법으로
성경 속 이야기가 참인 것을 증명하고 있다.

지구상에 있는 구조물들이 전쟁이나 지진이나
풍화로 인해 땅속으로 스며들어갔어도
우주공간에 떠 있는 인공위성과 땅속에 숨어있는
구조물을 살펴보는 자력계를 사용하여
디지털 복원기술력으로 다시 복원하면
건축물이나 조각신상들이 당시의 모습으로 복원되는
참으로 놀라운 시대를 살고 있다!

모세와 이집트의 파라오
열 가지 재앙으로 이스라엘 민족을 출애굽 시킨 사건!

디즈니사의 다큐멘터리 제작팀이 알버트 리를 통해
현재 이집트 나일 강의 한 지점의 위치에서
자력계를 인공위성과 디지털복원기술력으로
컴퓨터와 연결시키자 아무것도 없었던 빈터에
람세스 2세 당시에 말 460필을 보관했던
거대한 마구간이 복원되어 보였고
요셉 시대에 흉년 때문에 지어졌던 어마어마한
곡식 창고가 여러 곳이 복원되어지며 눈으로
볼 수 있었다.

또, 넓은 밭 한가운데 사람 키보다 더 길어보이던

양쪽 발가락들만 남은 거대한 석상이 복원되자
당시의 람세스 2세의 모습으로 복원 되었고
어마어마한 크기로 보였다.

민수기 13장 33절의 성경 속 정탐꾼들 중
헤르본 산지의 아낙자손들의 형체를 보고나서
아낙자손들에 비하면 자기들은 메뚜기 떼 같다며
자신 없어 울던 그들의 심정이 이해가 갔다.

결국 다큐멘터리를 통해 성경 속 이야기들이
진실이었다는 것이 증명되고 있다는 것이다.

하늘의 궁창이 터지고 땅속의 물 샘이 터져
세상이 물로 가득 차 인류를 심판했던 노아의 방주이야기나
이집트를 떠나 가나안 땅으로 갔던 모세 시대의 사람들
그런 이야기가 인류의 세계사 속에서도
진짜 있었던 사실이란 이야기다.

알라를 믿고 싶은가?
그는 그저 하나님께 기도하다
천사를 본 사람이었다.

부처를 믿고 싶은가?
부처로 더 잘 알려진 샤카야의 왕자 싯다르타는
기원전 623년 유명한 룸비니 동산에서
카필라바스투의 통치자인 숫도다나 왕의 부인
마야데비가 수도인 틸라우라콧을 떠나 친정이 있는
데바다하로 가던 중 낳았던 사람이다.
지금 현재로는 네팔 남쪽 국경근처인 샤카 공화국 왕자였고
보리수 밑에서 득도를 했다고 알려졌으나
우리가 생각하는 보리수가 아니라 무화과나무 아래였다.
인간의 생로병사에 대해 깊은 묵상을 하고
해탈의 경지에 이르렀으나 80세의 나이에
결혼식장에서 먹은 음식으로
심한 이질(식중독)이 걸려 돌아가셨다.

공자도 맹자도 순자도 노자도
유비나 장비, 조조나 제갈량도
혹은 알렉산더대왕이나 징기스칸도
시저나 나폴레옹도 잠시 세상을 다스렸던 왕이나 학자였다.

하나님은 스스로 있는 분이시다.
그의 아들 예수님은 천국에서 잠시
인류의 죄를 대신 지기 위해 오셨다.

창세기 3장 15절의 말씀을 이루시기 위해,
(어둠의 영들과 법적 싸움을 하신 것이다.)
또 양들과 소들이 사람들을 대신해서
매번 죽는 억울한 죽음을 위해 왔다.
알파와 오메가이신 왕자 예수님은
십자가를 지셨고 부활로 승리하셨다.
죽음을 이겼다!

흙으로 만들어진 육신의 옷을 벗고
영적으로 만들어진 새로운 옷을 입는
부활의 첫 번째 몸이 되었다.

에덴동산 속 아담과 하와 10
-아담-

모든 공기가 아픔으로 꽉 찬 에덴동산
나뭇가지 위로 하얀 슬픔이 쌓였다
아들이 보고 싶어 동산을 걸어오시던
아버지의 발소리

그 열매를 따먹기 전
내내 기다리던 아버지의 발소리
따뜻하게 느껴졌던 자애로운 발소리
아버지가 나에게로 걸어오셔서
두런두런 밤이 지새도록
새벽 별 아래에서 나누던 이야기들

아담아! 네가 어디 있느냐
흙처럼 납작 엎드려 떨리던 내 목소리
아버지 발소리를 듣고 내가 벗었으므로
부끄러워서 숨었나이다
길고 긴 탄식소리 천둥처럼 울리고

누가 너의 벗었음을 너에게 알렸느냐
내가 먹지 말라고 명한 선악과를
아담 네가 따서 먹었느냐
대답을 하기 전 너무 두려웠다
그 열매를 따서 먹은 즉
반드시 죽으리라고 말씀 하셨던 아버지.

#우주에는있다

#사단의세력이

#천사루시엘이

#루시퍼가되다

#루시퍼를추종

#천사삼분일이

#어둠의세력됨

하나님은
아담에게 에덴을 지키라고 하셨다.
지키라는 건 누군가 호시탐탐
지구의 에덴동산을 넘보고 있다는 증거다.

루시엘은 하나님의 천사였다.
그는 아름다웠고 능력 있고 지혜로웠다.
언젠가 내가 쓴 글속에 단순하게
천사들은 불로 만들었고
인간은 흙으로 만들었다고 표현했지만,
사람의 DNA와 인간의 복잡한 유기화합물을 어찌
당시의 지식으로 표현하랴!

사실 온 세상은 (우주의 질서까지 포함)
수학으로 이루어져 있기에 인간의 두뇌로는
그 측량할 수 없는 수학을 풀길이 없다.

그저 노아의 홍수 전 수메르문명 속의 인류는
최첨단 과학적 시스템 이였다고 표현 할 수밖에.
우주에 떠 있는 인공위성으로 찍은
지구의 표면을 보면 말이다
강의 물길조차 나무뿌리처럼 흐르고 있다.

수학적으로 이렇게 말하고 있다.

사이클로이드;
원이 직선상을 구를 때 원 위의 한 점이 그리는 곡선.
프랙탈;
작은 구조가
전체 구조와 비슷한 형태로 끝없이 되풀이 되는 구조
테셀레이션;
같은 모양의 조각들을 서로 겹치거나
틈이 생기지 않게 늘어놓아 평면이나 공간을 덮는 것

한겨울 아이들과 돋보기로 눈의 결정체를 보면

육각형이 기본 값이지만 어떤 것도 같은 모양이 없다.

우린 보통 완전수3, 7, 12를 이야기한다.

하나님의 수; 777
사단의 수; 666

루시엘는 하나님의 보좌 곁에서 찬양으로
영광을 돌리던 너무나 잘 생긴 광명의 천사였다.
많은 것을 잘 하다 보니 교만해진 루시엘은
자기를 추종하던 천국의 천사 삼분의 일로
쿠데타를 일으키고 천국에서 내침을 당했다.
현재 천국과 지구의 중간 어느 공간에서 루시퍼가 되어
사탄, 마귀, 귀신의 세력이 되어 악을 도모하고 있다.

그들이 하는 악은 방법이 비슷하다.
처음에는 광명의 천사를 가장하듯
사기꾼들처럼 철저하게 도움을 주는척하다
사기를 치듯 탈레반처럼 하마스처럼
전쟁을 일으키고 사람들을 처형한다.
세계사를 공부하다보면 비슷한 유형이
반복되는 것을 볼 수 있을 것이다.

인간에게 선악과를 따서 먹게 한 용은
사단의 앞잡이로 사용되고 그 멋진 외모가
모든 인류가 혐오하는 뱀이 되었다.

그리고 우리에겐 죽음이 왔다.
어느 누구도 죽음을 비켜갈 수 없다.
죽음은 개인적이고 철저한 공포다.

해서 예수님이 오셨고
죽음을 이기시고 부활하심으로
사단의 세력을 이기셨다!

코람데오! 샬롬라켐!

에덴동산 속 아담과 하와 11
-아담과 하와-

에덴동산에는
바람보다 큰 소리로 울고 있는 나무들이
낮게 기울어져가는 이름 없는 꽃들이 생겼다

저무는 하늘처럼 어둠이 몰려오고
숨을 쉴 수도 없는 적막감이 넘쳐났다

"아버지
아버지께서 제게 주신 여자가
선악과를 주기에 제가 먹었습니다!"

낮고 막막한 울음 섞인 목소리
숨구멍으로 올라오던 낯선 목소리
대답하고 싶지 않던 낯선 목소리
아담이라는 이름을 가진 나의 목소리

하늘에서 내리는 육각형 물방울들
에덴동산에서 피던 어떤 하얀 꽃보다

맑은 순백으로 떨어져 내렸다

아버지의 눈물

"이브야
어쩌자고 그 열매를 따 먹었느냐?"

아내 하와는
내 손을 꽉 잡고
작은 목소리로 대답을 했다
아내는 무섭게 떨고 있었다

"용용이 나를 속여 먹게 하였습니다!"

하늘에서 떨어지던 번개보다 강력한 불
천둥보다 큰소리로 들리던 천사들의 웅성임
에덴동산을 막막하게 한 불순종의 값
선악과를 따먹은 죄의 값.

#하나님의사랑멀어짐
#지구별전세권양도됨
#사단의손에넘어간건
#선악과를먹었기때문
#먹는순간죄가몸속에
#들어왔기에죄된인간
#숙명적죄성타고출생

어느 순간부터
좀비 영화가 유행되기 시작했다.

미국 샌프란시스코에서는
1967년 1월 골든게이트공원에서
히피들의 축제 사랑의 여름이라는 축제를 통해
록밴드, 예술, 음악, 미식 코카인과 같은 마약이
신의 선물이라고 여겼던 사탄숭배주의 종교단체로 인해
3일 동안을 흥청망청하며 환락을 즐겼다.

코카인과 록밴드와 미학적으로 알 수도 없는
예술을 가장한 어둠의 세력들이 샌프란시스코의 정신을
야금야금 먹어 치웠다.

그런 미친 축제를 열든 말든 일반인들은
나름 각자의 일터에서 약간의 방관자처럼 지나쳤을 것이다.
50년 후 샌프란시스코는 망했다.
혁신의 땅이라고 부르던 샌프란시스코가 2022년
전체인구의 1%가 노숙자와 마약하는 사람들로 바뀌자
도둑질을 하는 사람이 자연스레 발생했으나
교도소를 운영할 돈이 부족하자 그냥 둠으로써
자산가와 부자들이 샌프란시스코에서 손을 털고 나왔다.
샌프란시스코의 노드스트롬 백화점은 도심에서 철수해버렸다.
이제 그곳은 할렘 가처럼 변해 배트맨 시리즈에 나오는
고담시처럼 변했다.

필라델피아 켄싱턴은 '좀비거리'로 바뀌었다.
좀비마약은 그것을 먹거나 주사를 맞은 사람들을
영화 속 좀비처럼 혹은 널브러진 시체처럼 보이게 했다.

로스앤젤레스도 점점 그렇게 되어가고 있다.

바늘구멍에 황소바람이 들어오는 것처럼
대한민국도 국민들 한 사람 한 사람이 정신을 차리고
마약이던 젠더막시즘이던 문화막시즘이던 분별해서 막아야한다.
성은 진정으로 아름답고 소중한 것이며

인류를 창조하는 거룩한 행위지만 윤리적으로나
도덕적인 문란이 오면 반드시 타락하게 된다.

에이즈뿐만이 아닌 매독처럼
사람과 사람사이에 옮길 뿐만 아니라
여성의 경우 바이러스에 감염 된 자녀를
낳게 된다는데 더 큰 문제가 있다는 것이다.

각설하고

대한민국의 건국이념인 홍익인간의 깊은 뜻을
전 세계에 수출해야 한다.
드라마, 전통음악, 영화, 책뿐만이 아니라
우리들의 반듯한 정신인 홍익인간의 도덕적
윤리관등을 전 세계에 전해 인류에게 이로움을 줘야한다.

그러기 위해선 예수님을 전해야 한다.
예수님만이 홍익인간으로 살 수 있게 하기에 말이다.

이런 어처구니없는 죄악이 바로 저 시간
선악과를 따 먹은 저 슬픔의 시간에 이루어졌다는 사실.
잊지 말고 기억하자

선과 악을 자유의지 안에서 선택해야만 할 때 도움을 청하자.
우리를 위해 목숨을 버리신 예수 하나님을 기억하며
거룩하고 경건한 것을 선택할 수 있게 도움을 청하자.
예수님 늘 함께 해주시기를 원합니다.

에덴동산 속 아담과 하와 12
-하나님-

불같던 천둥의 번쩍임이 멈추고
천둥보다 큰 소리의 천사들의 웅성임도 멈추었다
고요보다 더 고요한 에덴동산에
새들도 동물들도 물속의
물고기도 침묵하였다

아버지 하나님의 탄식소리

"용용
너는 이제 너의 모든
아름다운 형상에서 벗어나
모든 가축과 짐승보다 저주를 받아
다리도 날개도 없어져 날지도 뛰지도 못하고
배로 기어 다니면서 흙을 먹을 것이라!"

멋지고 근사했던 두 날개를 가지고
하늘을 날던 용용의 몸이 변하고 있었다

"또한 너는 이브를 속여 선악과를 따먹게 했으니
너의 혀는 둘로 갈라져 흉한 모습이 되고
동산 모든 동물들이 너를 싫어하게 되리라"

날개가 완벽하게 없어지고
점점 작아지다가 다리마저 없어지고 있었다

"여자와 원수가 될 것이며
네 후손도 여자의 후손과 원수가 될 것이다
이브의 후손은 네 후손의 머리를 상하게 할 것이요
뱀의 후손은 이브의 후손인 사람의 발꿈치를
상하게 할 것이라"

하늘을 날던 용용의 멋진 자태가
숲속을 뛰던 용용의 멋진 자태가
동산의 여러 곳을 다니며
지혜를 뽐내던 용용이가
풀숲의 땅바닥을 배로 기어가고 있었다

세상 만물에 냉기가 흘렀고
그 냉기들은 그대로 나무와 풀잎과 꽃들과
대지 깊숙이 들어갔다

슬픔이
에덴동산 안으로
깊게, 깊게 들어가고 있었다.

#사단의앞잡이가된용용이
#커다란두날개가없어졌다
#앞발과두다리가없어졌다
#에덴동산에서따서먹었던
#온갖과일대신흙을먹는벌
#몸통으로땅을기어다니는벌
#사단의앞잡이가되어받은징벌

태초에 하나님이 천지를 창조하시니라
성경 창세기 1장 1절 말씀이다.

16살 문학의 밤을 통해 교회에서
예수님의 성극을 처음 봤다.
베드로가 닭 울기 전 세 번이나 부인했던 장면.
십자가에 달리기 전 7개의 말씀
-저희를 사하여 주옵소서
 자기의 하는 것을 알지못함이니이다.
-내가 진실로 내게 이르노니
 오늘 네가 나와 함께 낙원에 있으리라
-여자여 보소서 아들이니이다.
 보라 네 어머니라.

-엘리 엘리 라마사박다니
-내가 목마르다
-다 이루었다
-아버지여 내 영혼을
 아버지의 손에 부탁하나이다.

세상에 겨울이 왔다.
선악과를 따서 먹자 죄가 들어왔고
죄가 들어오자 사람들은 부패하기 시작했다.
사람들은 천사들과의 통간으로 자식들을 낳았다.
그들은 네피림 곧 용사였고 니므롯같은 악당이 나왔다.

마음에 하나님이 없는 니므롯은
세상 사람들의 눈에는 용맹스러운
반신반인의 사람이었을지도 모른다.
세상은 빠른 속도로 악해져갔다.

노아의 방주 사건은
악한 세상을 심판하시기 위한 하나님의
징벌의 시간이자 지구촌 청소시간.

다시는 물로 심판치 않으시겠다는

하나님의 사랑의 메시지
그 표징으로 일곱 가지의 색을 주셨고
우리는 그것을 무지개라 부른다.

선악과를 따서 먹고 죄에 대해 벌을 내리실 때
그때 이미 하나님은 계획하셨다.

십자가의 사건
사랑의 사건

"내가 너로 여자와 원수가 되게 하고
네 후손도 여자의 후손과 원수가 되게
하리니 여자의 후손은 내 머리를
상하게 할 것이요 너는 그의 발꿈치를
상하게 할 것이니라 하시고~"
창세기 3장 15절 말씀

결국 여자의 후손인 예수님은
십자가에서 죽임을 당하는
영적 발꿈치를 물리는 사건,
허나 3일 만에 부활하심으로
죽음을 이겨내어 사단의 머리를

상하게 하는 은혜의 사건.

천지를 창조하신 하나님은
하나님의 시간으로 지금도 흐르며
사람들의 시간으로 중간쯤 오셔서
십자가에 달려 죽음으로 인류가 저지른 원죄에 대하여
날마다 짓고 있는 자범죄에 대하여 죄의 값을 치러 주셨다.

마라나타!
재림의 주로 오시는 날
반드시 모든 인간에게 믿음에 관하여
질문하실 것이고 삶의 질에 대해
심판하실 것이다.

좋은 나무가 되어 좋은 열매 맺기를 바란다.

에덴동산 속 아담과 하와 13
-하나님-

만물에 냉기가 슬픔처럼 들어가자
에덴동산이 추워지기 시작했다

연평균 기온 15도
아침과 저녁에만 청량한 기온 10도
아열대 기후였던 에덴동산

아름다운 낙원 희락의 동산

웃음 대신 슬픔이
거룩 대신 불의가
선함 대신 죄악이
공의 대신 불의가
과잉 대신 결핍이
하나님의 완전함이 사라지자
인간의 불완전함이 자라났다

길고 긴 침묵 끝에 아버지의 낮은 목소리

"하와는 들어라
너는 임신의 고통을 주리니
수고하여 자식을 낳고
평생 아담을 그리워할 것이고
참으로 고독할 것이며
아담의 마음이 완전하지 않아
너는 늘 불안하며 늘 외로울 것이다"

떨어지는 하와의 눈물방울이
엉겅퀴와 가시덤불을 만들었다
부드러운 나무 넝쿨에서
바늘보다 아픈 가시를 만들기 시작했다

"아담아
사랑하는 아들아 들어라
아내의 말을 내 말보다 앞세워
순종치 않고 선악과를 먹었으니
평생 노동의 땀을 흘려야 그 대가로
먹을 것을 취할 수 있을 것이다
부드러운 땅들이 굳어지며
엉겅퀴와 가시덤불을 내게 될 것이다
흙으로 너를 만들었으니

너는 흙으로 돌아갈 것이다"

몸의 완전하던 기운이
무너져 내리기 시작했다
흙처럼 부서져 내리기 시작했다.

#훨씬높은차원
#당신의생각보다
#훨씬깊은차원
#당신의생각보다
#훨씬넓은차원
#당신의생각보다
#신이신그분은그렇다

지구표면에서
840km 상공에는
우주 정거장이 있다.

1473년에서 1543년까지 살다가 간
코페르니쿠스는 지동설을 주장했다.

하지만 사실상 지구가 자전하면서 태양의
주위를 회전한다는 것에 대한 주장을
기원전 3세기 헬레니즘 시대의 천문학자
아리스타르코스가 주장했고 기원전 5세기엔
피타고라스파인 필롤라오스도 지구가 움직인다는 것을
주장했으나 16세기는 그것을 용납하지 못했다.

우리가 알고 있는 현재의 태양계 구조를
확립하기 위해 17세기 초반의 사람 케플러와
17세기 후반의 사람 뉴턴의 등장을 기다려야만 했다.
지동설을 공식적으로 인정하기까지는
무려 510년을 기다려 1992년까지 기다려야했다.

지구가 평평하다고 생각해 지구 끝까지
배를 몰고 가면 낭떠러지에 떨어진다고 생각한
19세기 전까지 사람들의 우주관은 지구는 둥근 것이 아니라
평평하다고 생각했던 사람들이었다.

매번 손바닥만 한 스마트 폰을 들고 글을 쓰는 나는
1975년의 5월 5일의 어린이날을 기억한다.
바쁜 엄마 대신 동생 세 명을 데리고 자양동
어린이회관에 데리고 가서 커다란 플라스틱 박스를
가리키며 미래엔 어쩌면 얼굴을 마주보며
TV를 시청하듯 이야기를 나누는 전화기가 나온다고 말하며,
동생들을 향해 열변을 토하던 나는 손바닥만 한 스마트 폰으로
서로에게 영상통화를 하게 될 줄은 꿈에도 생각을 못했다.
세상에! 50년 만에 세상은 너무도 달라져있다.

영화 토탈리콜, 터미네이터, 스타워즈, 마션,

프로메데우스, 인터스텔라, 스타트렉, 스테이션7
이런 유의 작품을 쓴 시나리오 작가들의 세계관
그들의 상상력과 방대한 지식에 감탄을 한다.
참으로 멋진 분들이다.

이 우주는 얼마나 정교한 수학공식으로 짜여진
참으로 진기한 공간인가?

하나님이 태초에 천지를 창조하시니라
창세기 1장 1절 말씀 아멘

에덴동산 속 아담과 하와 14
-아담-

아열대 기후였던 에덴동산

털매머드가 먹던 열대 과일 나무들이 시들어가고
티라노사우르스, 알로사우르스, 딜로포사우르스,
케라토사우르스 초식공룡들이 좋아하던 식물들이
그 연록으로 맑게 빛나던 초록의 빛들을 잃어갔다
검치호랑이가 떠나는 아담을 보고 눈물을 흘렸다
톡소돈의 울음소리가 멀리까지 날아가자
하늘을 날던 새들이 나무숲으로 숨어들어갔다
환하게 웃던 꽃들의 희락이 얼어붙었다

기온이 내려가는 에덴동산
벗고 있으므로 추운 것을 느끼고
벗고 있으므로 부끄러워하는 아내와 나를 위해
하나님은 죄 없는 양 한 마리를 잡았다

아버지의 사랑으로 만든 양털 옷
우리들 옷을 위해 죽어간 양 한 마리

그 목숨의 값.

#선악과를따서먹자죄가들어옴
#벗고있으므로부끄러움을느낌
#벗고있으므로추위를느끼기도
#옷을만들기위해양을잡아야해
#나뭇잎대신양털옷을입은사람
#아담과하와는양털옷을입었다
#어린양의죽음곧어린양예수님

지금도 에덴동산을 찾고 있는 신학자들이 있다.
에덴동산에서 발원하는 네 개의 강이 있다.
비손, 기혼, 힛데겔, 유브라테스 강을 고고학적으로 탐구한다.
이란 북서부에 위치한 타브리즈 근처의
아드지 차이 골짜기라는 주장도 있다.

이 네 개의 강이 현재 튀르키에 위치한 반 호수와 이란 북서부
아제르바이잔 지방에 있는 우르미아 호수 일대에서 발원한다
는 것이다.
에덴동산은 실제적으로 있었던 장소이다.
신화가 아니고 지구 안에 있는 사실적 동산이었다.

선악과를 따먹은 아담과 하와가 죗값을 가진 채

영생을 하면 안 되기 때문에 에덴동산서 쫓겨났다.
에덴동산의 생명나무를 보호하기 위해 그룹천사들에게
화염검을 들고 에덴동산을 보호하게 했다.

그리고 양한마리를 잡은 하나님께서 아담과 하와에게
옷을 만들어 입혔다.

한자어 옳을 의는 이렇게 쓰여 있다. 옳을 의(義)
양은 양(羊)이라는 한자 아래에 나 아(我)를 쓰면 옳을 의(義)
자가 되는데
나아(我)를 풀이하면 손수(手)
창과(戈)를 이 둘을 합치면 나아(我)가 된다.
한 마리의 양을 창으로 잡아 죽은 양을 머리 위에 올려놓은 모양.
그 모양이 옳다는 것이다.
억울해도 곤욕을 당해도 어린 양처럼 순종하는 삶이 옳다는
의미.
선악과를 따서 먹었을 때 우리들의 허물을 위해
한 마리의 양이 억울한 죽음을 당해 의복이 되었다.
그것처럼 우리들의 죄를 위해 양되신 예수님이
억울한 십자가를 죄 없이 졌다.
한 마리의 양이 되어 순종했다.
선악과를 먹은 죄 값 때문에 십자가를 졌고

죽음을 물리치기 위해서 십자가를 졌다.
죽음 이후 삼일 만에 부활하신 사건은 죽음을 이긴 사건,
곧 생명나무 되신 예수님을 알게 한 것이다.
에덴동산에서 생명나무를 먹고 영생을 보장했듯
예수님의 말씀을 먹고, 예수님의 보혈로 기도하면
영원한 생명을 얻어 천국으로 가는 것이다.

에덴동산 속 아담과 하와 15
-아담-

목숨 값
십자가에 달리신 예수님
우리들의 죄를 위해 죽으신 예수님
어린 양 예수님

자박, 자박 에덴동산에서 걸어 나올 때
하늘의 천군천사들이 그룹으로 내려와
에덴동산을 에둘러 울타리를 만들고
생명나무와 선악과를 지키려 굳게 섰다

사람으로부터 에덴을 지키기 위해
불 칼을 들고 선 영적 전쟁의 대천사장
미카엘 천사

우리들을 위해 어린 양 한 마리가
의복을 위해 죽음을 당했다
죽은 양 한 마리의 가죽 옷을 입고
선 그곳에는 양 피보다 붉은

노을이 하늘을 물들이고 있었다

에덴을 뒤로 하고 걸어가는
아내와 나의 길 위에는
가시덤불이 먼저 길을 만들고 있었고
죽음이 먼저 길을 만들고 있었다.

#예수님의탄생은이때이미약속된사건
#알파와오메가되신하나님사랑의약속
#에덴동산에서선악과를따먹는그순간
#예견된이야기인류를위한십자가사건
#너와나를위한우리를위한사랑의사건
#내피를마시고내몸을먹으면살아나는
#성경의말씀을먹고죄값을기도로갚는

베들레헴은
집을 의미하는 'Beth' 혹은 'Beit'와
고기나 빵을 의미하는 'Lehem'이 합쳐진 말로
그대로 풀이하면 빵집이다.

예수님의 고향은 베들레헴이다.

예수님은 십자가를 지시기 전
마가의 다락방에서 12명의 제자들과
마지막 식사로 떡을 먹고 포도주를 마신다.

생명의 양식인 한 끼는 우리나라 표현인 밥이자
떡이고 유대인들에겐 빵이다.

음료로 마시던 포도주는 그리스도의 피를 의미한다.

예수님의 말씀은 영적인 생명의 양식이다.
예수님의 보혈은 영적인 생명의 음료이다.

이스라엘의 여러 지역 중 베들레헴에서
나신 예수님은 우리들의 빵집이다.

예수님을 묵상하면 정신적인 빵이 생긴다.
이어령 교수님도 '지성에서 영성으로'라는
수필집에서 정신의 양식에 대한 이야기를 했다.

주일 날 생명의 양식을 먹기 위해 교회로 간다.
서초 사랑의 교회는 내 인생의 베이스캠프다.

세상이라는 에베레스트를 정복하기 위한 베이스캠프다.
이곳에서 잠시 진정한 휴식(休息)을 한다.

주디처럼 키다리아저씨 예수님을 만나는 행복한 시간이다.

당신에게도 예수님을 소개하고 싶다.
떡과 포도주 되시는 예수님을 소개하고 싶다.

그래서 반드시 지구별에서 죽을 때
예수님의 이름으로 천국에 가기를 바란다.

아가서 1장 5절

예루살렘 딸들아 내가 비록 검으나 아름다우니
게달의 장막 같을지라도 솔로몬의 휘장과도 같구나.

2부
솔로몬의 여인.
술람미여인의 노래처럼~

하늘 편지지에 구름글씨 1
-중국 타클라마칸-

민트블루의 하늘 편지지에
당신이 보낸
모스 부호 같은 구름이
둥실 둥실 두둥실 떠있습니다
쿤툰 산맥에서 불어오는 바람은
여린 내 볼을 만지고
멀리 있는 우루무치로 달아났습니다

당신은 하늘 편지지에
내가 알 수도 없는
닐스보륨, 세슘, 카드늄, 스트로튬, 악티늄,
스칸듐, 구리, 비소, 염소를 가지고
실크보다도 더 고운 흰 구름을 만드셨죠.
눈에는 보이나 손으로 만질 수 없는
마법을 만드셨죠!

나는 당신이 하늘에 모스부호보다
더 어렵게 그려놓은 구름을

해석할 길이 없어
바보같이 땅바닥에 주저앉아
혼잣말처럼 떠들어봅니다

"당신의 하늘은 안녕하십니까?"

타클라마칸사막을 횡단하는
한 마리 낙타처럼
마음의 무릎은 까지고
발뒤꿈치엔 군살이 배겼습니다
버겁게 쪼그리고 앉아 구름을 쳐다봅니다
나는 앉은뱅이처럼
척박한 땅에 뿌리를 내리고
하얗게 피어난 샤스타데이지꽃
초록벌판에 순둥순둥한 맑은 얼굴을 하고
쿤툰 산맥에서 불어오는 바람 따라
흔들리고 있습니다

당신의 하늘 편지지에
그 많던 구름은 한 점 보이지 않고
밤마다 서글픈 계란 노른자 같은 달이 뜨면
내가 있는 땅 이곳에 무더기로 피어난
샤스타데이지꽃 안에도
노오란 둥근달이 한숨처럼 차오릅니다

나의 땅에도 그리움이 차오릅니다
당신,
그러면 나에게도
안녕한지 안부를 물어주십시오.

하늘 편지지에 구름글씨 2
-페루 마추픽추-

민트블루의 하늘 편지지에
당신이 직접 쓰신 구름글씨는
때때로 쐐기문자가 되었다가
때때로 상형문자가 되기도 했고
때때로 히브리어와 라틴어로도 변하기도
그러다 세종대왕의 모국어가 되어서
가슴속으로 걸어서 들어왔어요!

민트블루의 하늘 편지지에
당신이 직접 쓰신 구름글씨는
때때로 이스탄불의 세밀화도 되었다가
때때로 칸딘스키의 추상화가 되기도 했고
때때로 잭슨폴록의 no5가 되기도 하다가
그러다 김창렬의 물방울이 되어서
가슴속으로 알알이 맺히기도 했어요

나는
당신이 바다위에 만드신

징검다리 프린스 에드워드 제도
크로제 제도가 있는 인도양을 건너고
케르겔렌 제도 오클랜드 제도
그렙포론 제도가 있는 남태평양을 지나
초노스 제도 후안페르난데스 제도를 밟고서
안데스 산맥의 정점
페루의 마추픽추 2,430미터 정상에 앉아
턱을 괴고 당신의 글씨를 읽고 있어요
당신의 구름글씨는
당신만큼 아름다워 읽는 내내
입가의 미소가 지워지지 않아요

지구에서 가장 길게 뻗어 있는
신기 조산대산맥 안데스에서
호빗과 엘프, 드워프, 엔트, 마법사를 불러
오크와 트롤을 위한 전쟁을 준비합니다

그래서 당신의 구름글씨를 또박또박
잘 읽어내야 하지요

쿠스코에서
북서쪽 80Km 떨어져 있는

우루밤바 강은 도시가 있는
산맥 아래로 꺾어 흘러가고 있어요
M자 형태의 요새도시 마추픽추
이곳에서 치룰 전쟁은 까다롭고도 까다로워
당신이 보내신 민트블루의 하늘 편지지에
하얗게 쓰여 있는 구름글씨를 해독하며
견고했던 헤브론의 아낙자손들
골리앗 같은 네피림들을 쳐부술 수 있도록 기도합니다
아름답고 견고했던 잉카제국처럼
다시는 잃어버린 도시가 되지 않도록
나의 조국 대한민국을 잃지 않도록
오늘도 먼 곳 마추픽추 하늘 밑에서
당신이 보내신 편지를 읽습니다

당신만큼이나 부드러운 저 글씨를
미소를 지으며 읽고 있어요

당신은 사랑입니다.

하늘 편지지에 구름글씨 3
-대한민국 한강-

당신이 보고 싶어 운동화를 챙겨 신고
타박타박 걸어서 세빛섬으로 왔어요

위로 반포대교에는 하늘이 흘러가고
아래 잠수대교에는 강물이 흘러가는
한강 둔치에 앉아서
바람에 목이 뒤로 꺾인 풀처럼
웨지우드 블루의 하늘 편지지를 쳐다보고 있어요
당신이 나에게 보낸
구름글씨를 번역하는 중입니다
오늘 유난히 느와르 영화에 들어간
깍두기들의 어깨만큼이나 각이 진 인상파
근심과 걱정의 제임스 애벗 맥닐 휘슬러의
그림풍입니다

오늘, 당신 혹시 어디 아픈가요?
오늘, 당신 기분 별루인지요?
오늘, 당신 말하고 싶지 않은 날인지요?

하늘 편지지에 구름글씨 3

이렇게 질문이 많아진 날은
바닷가 바위에 앉아있던 세이렌의
목소리를 빼앗아 오고 싶은 심정입니다

오늘따라 당신의 구름글씨는
검정 잉크를 많이 풀어 놓아
달빛의 그림자처럼 축축해 보입니다
당신도 나처럼 그리움으로
눈물이 가득 고인 겁니까?

갯기름나물과 망초 꽃이 하얗게 핀
한강 둔치에 앉아
바람이 한강을 어루만지면서
생기는 잔물결들을 부러워합니다

나도 당신이
구름글씨를 써주는 대신
하늘에서 천천히 내려와

바람처럼 부드럽게 새벽녘 한강 둔치에 앉아
눈에 눈물가득 고여 세상의 모든 것이 일렁이는
그 눈빛으로 갯기름나물과 망초 꽃을 보고 있는
쓸쓸한 나를 만져주기를 기대해봅니다

결국 떨어져 내리고 있는 겁니까?
당신, 울면서 내 얼굴을 만지고 있는 겁니까?
슬픔에 싸인 나를 토닥여주는 겁니까?

당신은 늘 사랑입니다.

하늘 편지지에 구름글씨 4
-호주 울룰루-

사람들의 사연만큼이나 많은 붉은 모래 알갱이

쪼리 슬리퍼 밖에 없는 내 인생

발가락사이로 파고 들어오는 수많은 사연들

민트 블루의 하늘 위에 쓴 구름글씨

구름을 따라 읽으며

어디를 걷고 있는지 조차 잊은 채

구릉지를 오르고 있습니다

여긴 어디지?

걸으면 걸을수록 모래가

더 많이 인생 속으로 들어옵니다

그러면 그럴수록 하늘을 올려보며

당신이 내게 보낸 구름글씨를

해독하느라 고개를 쳐들고 있습니다

사방을 둘러보아도

붉디붉은 모래 언덕 뿐

도움을 받을 수 있는 곳은 없습니다
도무지 알 수도 없는 동서남북 붉은 모래투성이
길을 찾을 때 북극성이 나침판이 되듯
붉은 모래밭에 쪼그리고 앉아 구름글씨를 봅니다
인생에 나침판도 없고 북극성도 보이지 않기에
타들어가는 태양 볕 아래
뭉게뭉게 쓰여 있는 당신의 구름글씨
해독할 수 없어 마음이 아픕니다

세상의 중심
지구의 배꼽
코끼리 한 마리를 먹은 보아 뱀 같은
이곳 모자를 엎어 놓은 붉은 바위산
그늘 밑에 쪼그리고 앉아서
생각이란 걸 합니다

"저 글씨는 뭐라는 걸까?"

신기하기도 하지요
민트블루의 하늘에 하얀 구름글씨가
마구 움직이며 모국어를 만들기 시작합니다
드디어 글씨가 해독이 됩니다

"장미에게 가시를 만든 것은 겸손하라고
장미마다 가시가 있으니 조심하라고
장미를 많이많이 사랑한다고
긴 기다림에도 반드시 끝이 있다고!"

울룰루의 붉은 모래밭에 눈물이 떨어집니다

속으로 말하기 시작했습니다
'나도 사랑한다고 당신을 끝까지 기다린다고.'

하늘 편지지에 구름글씨 5
-독일 슐랑엔벡 계단-

민트블루의 하늘 편지지에
당신이 보낸 하얀 구름글씨는
몰락해가는 로마제국에서
흩어져 나온 프랑크제국이었던 독일의
네카어 강 카를 테오도르 다리 밑을 지나는
선상 위에서 읽는 중입니다

강의 좌우 건너편 산등성이엔
아름다운 집들이 착한 짐승처럼 앉아있고
당근색 지붕을 가진 집들의 영혼은
수줍게 웃고 있어 귀여워 보이는
사랑스런 강아지들 같습니다!

아치형 붉은 벽돌로 만든
카를 테오도르 다리 밑으로 강물은 유유히
당신이 쓴 구름글씨를 베끼고 있습니다
민트 색으로 푸르게 물든 하늘 편지지 위에
부는 바람은 구름글씨를 조금씩 바꾸고 있어

소중한 당신의 마음을 따라서 읽는 중입니다

다리를 지나 반대편 초록언덕 위로
보이기 시작한 하이델베르크 성
아직도 공주님이 살 것만 같은
붉은 벽돌의 완벽한 성
당신이 나에게 사랑을 고백하고 싶어 하던
달달한 하이델베르크 성이보입니다

강아지들의 영혼을 닮은
당근색 지붕의 산등성이 집들을 지나
화단과 숲으로 가득 찬 우거진 산책로
슐랑엔벡 계단을 오르고 또 오르면
담쟁이 넝쿨이 돌담 가득 커튼처럼 드리운
철학자의 길 바로 그곳에서
당신의 구름글씨가 멈추어 섰습니다!

황태자의 첫사랑처럼

아름다운 그곳에서 사랑을 고백 받다니
"당신을 사랑합니다!"
"기다려 줄 거죠?"
나는 대답 대신 손으로 입을 가리고
웃기 시작했습니다!
너무 행복해서 웃음이 나기 시작했습니다!

하늘 편지지에 구름글씨 6
-네덜란드 스머프 마을-

민트블루의 하늘편지지에
당신이 보낸 하얀 구름글씨는
암스테르담에서 북동쪽으로 2시간을 달리면
갈대로 엮은 지붕들로 가득한 스머프 마을
히트호른 위로 사랑스럽게 펼쳐져 있습니다

수로를 따라 초록빛 베니스 동화 같은 마을
작은 요트를 타고 노를 저으면
집집마다 피어있는 보석 같은 당신의 웃음
짙은 분홍과 옅은 보라색 수국으로 환하게 웃고 있는
이국의 꽃이 아닌 내 나라의 꽃 같아서
당신이 보내는
하늘 편지지의 구름글씨처럼 다정합니다!

스페인 침공으로 80년 전쟁의 요새였던
잔디크 잔세스칸스역 이곳엔 피 냄새 대신
초콜릿 향기로 가득해서 나는 지금 행복합니다
나막신에 네덜란드 전통 옷과 하얀 모자를 쓴 소녀가

치즈를 팔고 있는 평화로움 때문에 눈물이 납니다
목가적인 야생화 벌판의 두 팔을 벌린 풍차들은
당신이 보낸 하늘 편지지의 구름글씨 밑에서
초원의 양떼들처럼 부드러워 보였습니다

당신은 기억하고 있지요?
함께 자전거를 타고 바람을 가르고 달리면
로테르담과 헤이그사이에 자리한 운하의 도시
델프트의 푸른 심장이 푸른 별처럼 뛰고 있었던 거
나라 전체가 한 폭의 그림이 되어
푸르른 도자기 안에서 빛나고
진주귀걸이를 한 소녀가 베르메르의 책 속에서
살아나서 숨을 쉬는 이 곳 튤립의 나라

오늘은 이곳에서 당신의 편지를 읽고 있어요!

하늘 편지지에 구름글씨 7
-하와이 라이카니 비치-

하와이 섬의 둥근 곡선의 바닷길을 따라
당신이 만든 라이카니 비치는
바다의 물빛이 하늘 편지지만큼이나
나를 황홀하게 만들었어요

바다의 굽은 곡선 길을 따라서
폭죽처럼 터지는 야자수들이 푸르게 심겨지고
당신을 향한 내 생각들은 야자수보다
더 빼곡하게 바다 길을 따라 심겨져 있었어요!

당신의 하늘편지지에 하얀 구름글씨처럼
내 마음속 Turq Carib빛 호수에도
당신의 구름글씨들이 두둥실 떠 있습니다
불어오는 바람 따라 글씨들이 춤을 춥니다

검은 밤바다에 투사된 건물들의 불빛처럼
당신은 그렇게 마음속에 문신처럼 새겨졌습니다
밤바다에 물결이 일렁일 때마다

달빛처럼 고운 당신의 그림자도

따라서 일렁입니다

당신을 향해 끓어올랐다가

하염없이 타고 또 탔던 내 사랑은

달 크기만큼 커다랗게 움푹 들어간 분화구를

당신을 따라 걷던 바닷길에 만들어 놓았습니다!

내 사랑은 Egyptian Blue의 바다에서

설레고 설레는 파도의 파랑이 되어

쉼 없이 탄생됩니다!

오늘 나는

당신의 마음의 길로

사랑의 서핑을 시작해봅니다.

하늘 편지지에 구름글씨 8
-덴마크 오덴세-

민트블루의 하늘편지지에

당신이 보낸 하얀 구름글씨는

사과나무 밑에 붉은 색 사과가

한 상자나 가득하게 들어있는

초록빛 초원 옆 오덴세 강

볏짚색 조각배 사이로

잔잔히 흐르는 강물 위

푸르게, 푸르게 바람을 따라

흔들리고 있습니다

바람을 멈추어야 당신이 보낸

구름글씨를 읽을 수가 있어

잠시라도 멈추라고 부탁해봅니다

덴마크의 도시 핀 섬

한스 크리스티안 안데르센의 고향

오덴세의 성냥팔이 소녀는

잠복된 잔설 속 묵은 기왓장 발치 끝

꽃을 피우지 못한 빈가지 사이에서

아직도 성냥을 팔고 있습니다

소녀의 얼굴은 얼었고

손은 수북한 추위에 곱았습니다

어슬렁거리는 북유럽 신화는

오딘의 이름이 새겨진

구시가지 골목들마다

크림색 벽면위로 겨자 색과 붉은 벽돌색

지붕위에서 툭툭 소리를 내며

석류꽃이 피어나듯

산발한 웃음소리가 되어

방금 배꼽의 문을 지나서

이에스코우 성 작은 호숫가

오크 숲에 갇혀

새벽 추위를 견디지 못하고 있습니다

얼음 속 강물은 무너져 내린

푸른 멍 자국으로 갇혀있지만

봄이 오면 말입니다

미운오리새끼가 백조가 되듯

참나무 향이 가득한 오크 숲에서

당신의 사랑이 붉은 사과처럼

여기저기에서 만개하기를 바랍니다

그럼 난 당신의 구름글씨를

사과를 따듯 뚝뚝 따서

마음 속 상자에 가득하게
담아두겠습니다.

하늘 편지지에 구름글씨 9
-대한민국 파주-

민트블루의 하늘편지지에
당신이 보낸 하얀 구름글씨는
이제 막 벚꽃나무 그림자 뒤로
숨어버리는 하오의 빛살 곁에
깨알 같은 작은 사연들을
다닥다닥 써두었습니다
당신의 구름으로 만든 손 글씨는
파주 남서부의 운정 신도시의
푸르른 하늘 위 먼지 한 줌
발소리 하나 없이 조용하게
흐르는 시간 위에다가
아이들 웃음소리처럼
맑게 써두었습니다

융단처럼 펼쳐진 코르크 바닥
붉은 길을 따라 피어있는
조팝나무 작은 꽃잎들을 흔들며
당신의 생각을 보이지 않게

희석시켜 민트블루의 하늘 끝
바람의 날개 깃털을 단
뾰족한 펜대로 쓴 글씨체

오늘 운정 신도시 호수공원의
물수면 위에 정대 칭으로
데칼코마니가 되어 누워있습니다

호수의 물 수면에 비추인
당신의 글을 읽으며
좌로 굽은 붉은 길과
우로 굽은 모퉁이를 돌아
끝까지 걸어가는 동안
항상 제자리걸음을 걷게 하는
낡아 빠진 낯선 생각들은 버려지고
어둑어둑 지고 있는 그곳에서
다시 발견한 당신의 사연으로 말미암아
풍성하고 가득하게 봄꽃처럼 피어오르는

나를 발견하게 됩니다.

하늘 편지지에 구름글씨 10
-지구촌 모든 곳-

뾰족한 붉은 지붕을
베고 잠들었던 가을이
새벽녘 부시시 잠을 깹니다

당신이 이 계절 위로
시시각각으로 쓰고 있는
하늘편지지에 구름글씨를
하루 종일 쳐다봅니다!

너무 사랑스러워
웃음이 절로 납니다

예수님 당신은 사랑이십니다.

마태복음 25장 4절

슬기 있는 자들은 그릇에 기름을 담아 등과 함께 가져갔더니~

3부
슬기로운 다섯 처녀.
등불에 기름을 준비하는 신부처럼~

너에게로 가는 길 1

숨이 차게 뛰어 왔어

저 모퉁이만 돌면
네가 있는 거지

아주 많이 보고 싶었다는
말 따위는 안 해도 될 듯

숨차게 뛴
내 호흡 속에 다 있으니~~

너에게로 가는 길 2

당신을 향하는 길목엔
너무 붉어서 숨을 쉴 수 없을 정도로
붉디붉은 작약이 수줍게 피어있었어

속이 너무 깊어 보이지 않는 아궁이속에
참나무를 넣고 군불을 피워내듯
깊은 당신의 마음속으로
붉디붉은 작약을 따서 불을 피웠지

아궁이의 참나무가 타듯
작약은 뜨거운 마음을 참을 수 없어
타닥타닥 소리를 내며 타고 있었어!

내 속에서 흐르고 있는 너를 찾느라
푸른 수맥을 따라 길을 걷다보면
늘 침묵하고 서 있는 너라는
오랜 시간의 길 위에서
나는 늘 길을 잃으며 헤매곤 했었지

아직도 그곳에 있기는 있는 거지
북극성 나침판으로 길을 찾아서 가기만 하면
결국 너를 볼 수는 있는 거지

내가 가는 걸음 멈추고
이렇게나 눈부신 봄날
저토록 수줍게 핀 붉디붉은 작약을
널 위해 양팔 한가득 수북하게 따서
너에게 가도 되는 거지.

너에게로 가는 길 3

비가 적당히 내려
해갈을 잘 넘긴 땅 위를 걸으면
심장에 박혀 있는 네 마음이 보여
눈물처럼 말캉해진 땅 위
230센티미터의 청색운동화
발 도장을 타박타박 내며
너에게로 가고 있어

밤이 지새도록 내린 봄비
새벽녘 연두색의 나무들은
머리를 감고 나온 어린 소녀처럼
운무에 새순들을 풀어헤치고
각자의 나이테 안으로, 안으로
시간의 향기를 흠향하고 있어
네 마음만큼이나 부드러운 봄길
구름을 밟으며 걷는 것 마냥 기뻐
이쯤일까 아님 저기 저쯤일까
매번 우리사이의 거리를 재느라

가늘게 실눈을 뜨곤 했어
자 대신 한 뼘 손가락자로 재어 본
너와 나의 거리는 말이야
꽃이 꿈꾸듯 피어나는 시간만큼
딱 그만큼의 거리야~
그다지 멀지 않아서 좋아
오늘 너에게로 가는 봄 길은
문신처럼 땅바닥에 내 발자국이
찍어질 만큼 부드러워서 좋네!
마음자국이 찍혀서 좋네!

너에게로 가는 길 4

열림과 닫힘이 무한 반복으로
공존하는 빈 숲속 같은 마음의 끝
그 길에서

끊임없이 밀려왔다 밀려가는
감정의 광야에 서면
신기루처럼 나타난
낮아진 산허리에 뜬 밋밋한 달
약속의 날줄위에 맨발로 서서
조팝나무 흰 꽃처럼 춤을 추곤 해
바람의 끝에서 하얀 몸을 흔들며
춤을 추다보면 하늘 길을 걸어
날짜변경선을 밟고
태양이 떠있는 대낮만을 골라
둥근 지구 위를 걸어서
너에게로 가고 있어
외로움이라는 땅에 심어 둔
동시에 피기도 하고

동시에 지기도 하는
열정의 나무와 허무의 나무에는
인위적인 밀도의 사랑이란 두엄
때때로 바람결에 흔들리는
흰옷을 입은 조팝꽃의 춤이 멈추듯
너를 향해 걸어가던 내 마음의
걸음이 멈추어 지기도 해

그게 숲의 평화를 위해
내가 흔들어야 할
가장 아름다운 깃발처럼 보여서 말이야

너에게로 가는 길 5

구름 한 점 없이
푸르른 하늘을 독차지한 태양
햇살이 폭포수처럼
쏟아지는 오월의 아침
쏟아지는 빛살에
두 손을 대고 있어
후드득
후드득
요란한 소리
쏟아지는 햇살에
방금 스쳐간 바람은 따가워
먼 그곳에서 늘 안녕하기를
대지위에 머문 지금 이 시간
초록 초록한 모든 것들은
어제의 상처를 치료중이야

나도 하늘을 향해 고개를 젖히고
두 손을 나무들처럼 펼치고 있어

겨드랑이 사이로 지나는 바람 길이
두 다리 사이로 지나는 바람 길이
초록빛의 푸르고 아름다운 바람은
남태평양 폴리네시아의 천개의 섬
사이, 사이로 불던 그 신비로운 바람
너에게로 가는 길을 내고 있어
어제까지의 나의 슬픔도
폴리네시아의 바람과 쏟아지는 햇살에
치료되는 거룩한 시간이야
너에게로 가는 길은
늘 좋은 아침이야

너에게로 가는 길 6

흐린 날
밀도가 묵직해 보이는
검은 먹구름이
산적 떼처럼 모여든
슴슴한 하늘 아래로
잔잔하게 흐르는 강물처럼
낮은 곳으로
좀 더 낮은 곳으로
너는 길을 내고 있어
곧 비가 퍼붓겠지
곧 천둥이 칠지도 몰라
그러면 번개도 따라서 울겠지
그래도 괜찮아
어느 누구의 인생극장도
찬란한 햇빛만은 없었어!

흐린 날
너에게로 가는 길

땅거미 같은 폭우가
미친바람과 함께 퍼부어도
그 폭우를 다 맞아도 감사해
참으로 고마운 길이야

너에게로 가는 길 7

거룩한 그루터기가
되기 위해 떠난
머나먼 타향살이
당신의 발걸음이
막 밟고 지나간
골목을 향해
길게, 길게
목을 빼고 서서
하얗게 여며오는
가슴 마다
보고 싶은 마음만큼
노오란 리본을
매달아 놓았어!

너에게로 가는 길 8

하늘의 바람을 밀고 당기며
조타실도 없는 날개에
베어드는 고된 비행
따스한 곳을 향해 시작된 항해
부지런히 타륜을 움직이는 비행
가을의 어느 날부터 시작 된
누구보다 빠른 습관으로
난류기류를 만들어
허공에 V자를 그린다!
하얀 구름파도를 등지고
천개의 바람개비가 일으킨
사랑과 그리움의
푸르른 갈바람을 타고
돛대 같은 두 날개를 펴
허공의 물빛 파도를 푸드득
중간 기착지도 없는 창공
수만 킬로 한쪽 눈만 감고 잠들며
서러운 하늘을 날아서

너에게로 가는 소리 없는 비행.

―――――

오직 말씀으로만 (Sola Scriptura)
오직 믿음으로만 (Sola Fide)
오직 은혜로만 (Sola Gratia)
오직 그리스도 (Sola Christus)
오직 하나님께 영광 (Sola Deo Gloria)

4부
코람데오.
늘 하나님 앞에 서 있는 것처럼~

숲속에서 1

처음 바람을 타고
이곳으로 날아올 때 우린
이름도 없는 그저 작은
씨앗으로 날아들었어
날다가 운명처럼 떨어진
각자의 땅

마주한 곳은
기쁨이기도 슬픔이기도 했지
넓고 평평한 대지거나
좁고 기다란 비탈길
경사진 모퉁이 후미진
그늘 아래이기도
혹은 벼랑 끝
튀어나온 검은 바위 구멍
하늘의 바람이 실어다가 준
바로 그곳

숲속에서 1

운명처럼 만난
각자의 자궁은 모양이 달라
매일의 날씨를 먹으며
할 수 있는 것
뿌리로부터 흡수되는
대지의 생각들
태초부터 시작한
사고의 틀을 풀어내는 일

함축된 문장들을
고유의 잎사귀와 꽃으로
아름답게 키워내는
꿈들을 키웠어

어느 날은
쨍쨍한 광합성으로
어느 날은
축축한 빗방울들로

어느 날은
몰아친 칼바람으로

사방이 닫힌 곳
자궁 속 가장 깊숙이
깜깜한 마음으로 살았던
씨앗의 날들이
올실과 날실의
문장이 되어 직조를 하면
가지 끝에 매어달
초록의 잎이 되네
가지 끝에 매어달
연분홍 꽃이 되네

숲속에서 2

나는 또
숲에서 길을 잃었다

네가 없는
도시의 숲은
늘 길을 잃게 한다
빌딩사이
낯선 골목길에서
이정표를 보면서도
어디로 가야할지
멈추어 서있다

6월 초여름 내내
꿈속에서는
펑펑 눈이 내려
어깨 위에 쌓였다
쌓이던 여름 밤
꿈속의 숲에선

"이건 꿈이야"라고
나에게 말해주었다
그러면 심장 속
뜨거운 피사체의 넌
쉬 녹아내리고 있지만
어깨가 늘 시려왔다
도로의 표지판이
늙어가고 있다
밤마다 인공 눈물을 넣고
껌뻑이던 가로등의 나이테가
조금씩 굵어졌다

네가 없는
도시의 빌딩 숲은
사각사각 소리를
내며 낡아간다

푸르른 네가
왔으면 좋겠다.

숲속에서 3

후두두두두두두두둑
와다다다다다다다닥
쏴아아아아아아아아

당신은 그렇게 내리고 있다

무수한 잎사귀를 때리며 내리는
화살보다 빠르게 내리 꽂히는
내 안으로 쉼 없이 쏟아져 내리는
그 퍼붓는 당신의 사랑을
나는 또 견딜 수가 없어서

콸콸콸콸콸콸콸콸
주르르르르르르르륵
또르르르르르르르륵

세상의 낮은 곳으로 흘려보낸다!

봄, 여름, 가을, 겨울
당신이란 책은
너무나 재미있어
이제 겨우
한 장을 넘겼는데
쏟아져 내리는
빗줄기를 따라
뜨거웠던 하나의 계절이
따라서 간다.

숲속에서 4

검은 밤을 물들이던
천둥의 빛
온 숲을 울게 하던
벼락의 허밍소리
바람은 비구름을
몰고 나타나
하늘 꼭대기에서
나무와 풀
그리고 꽃과 땅에게
수천만 개의 화살을 쏘았다
아무도 아프다고
신음소릴 내지 않았다

숲은 그렇게
천둥의 빛살들을
벼락의 울음소릴
비바람의 화살을 맞으며
한 뼘씩 자라났고

삶의 나이테를 그렸다.

숲속에서 5

저물녘
보도블록 위로
내린 어스름은
어제 내린
빗물 웅덩이
사이로 잠기고
하루의 노곤이
오늘의 발자국 따라
길을 걸어서
숲으로 왔습니다

현관의
비밀번호를 누르면
문이 열리듯
이 깊은 숲 속의
무수한 나무 중
나에게 기대앉은
당신을 위해

나는 향기로운

쉼을 엽니다.

휴(休)~~~

숲속에서 6

변화무쌍했던
붉고 뜨겁던 여름이
소멸하고 있습니다
미명의 시간마다
쉬지 않고 했던
새벽기도의 호흡 끝
고통으로 점철된
생의 무게감은
가을을 데리고 오는
빗방울들로 변하여
낡은 양철 지붕을
때리며 울음을
대신하는 중입니다

그 울음은
숲도 추적추적 울리며
성장을 조용하게 시키고
마지막 가을의 정점

완벽한 소멸을 위해
뿌리에서 우듬지까지
수행했던 계절을 묻으며
뜨거웠던 얼굴 표정과
휘몰아치던 분위기까지
가장 곱게 물들며 낙엽 지는
기쁨의 시간을 위해
범사를 감사함으로
바꾸고 있습니다.

숲속에서 7

또바기 같은 당신은
어떻게 그 무성한
숲속 깊음 속에서
한 그루의 나무
나를 찾아내어
볼부터 붉게 단풍이
들게 하시는지~
아직 머물고 있는
정수리의 따가운 볕
방금 겨드랑이를 스치는
여린 가을바람이
모난 모든 것을 떨어뜨리고
마음의 나이테를
둥글게 키워냅니다.

숲속에서 8

간지럽던 봄볕을
잡아당겨서
땅속 뿌리근처에
몰래 숨겨두었다
그때그때 삭혀내지 못한
지난했던 봄밤들이
그대로 어깨에 뭉쳐있다
이번 여름은 매미의
울음도 짧았다
늘어진 계절을
시간의 숫돌에 곱게 갈아
푸르게 날을 세웠다
숫돌 위에서
빛나던 날선 하늘
오늘이 토해낸
날이 선 푸른 빛
홍시 맛 나는
가을을 맛보기 위해

숲속에서 8

뭉친 생각을
가지 끝으로 올렸다
곰삭힌 마음이
가지 끝에서
홍시 맛을
내기 시작했다.

숲속에서 9

매미 울음
짙은 녹음 속에서
날실이 되고
귀뚜라미 울음
땅거미 진 노을 아래
올실이 되면
길쌈을 한 가을 숲
붉디붉은
사랑의 피륙

숲속에서 10

가을 닮은 집

깊고 깊은
숲 속
초록의 벌판에
집을 짓는다
지붕하나에
기둥하나
심령이
가난한 자의
그것으로 족한

정직한자의 집

숲속에서 11

금속성
목소리를 지닌
번개와 천둥의
두툼한 손짓
잿빛 허공에
만들어지는
투명하고
맑은 오선지들
나무들
젖은 머리카락 아래
뚝뚝 떨어지는
가을로
물드는 소리
포르테시모의
점 온음표
바람의
지휘를 따라
긴 여섯 박자의

가을 노래를 부른다

가을이
피어나고 있다
울긋불긋
단풍노래를 부르며~

숲속에서 12

숲에서
맑음이 자란다
하늘을 물들이던
가을이
조용하게 내려와
이끼 낀 흙 위에
철푸덕 앉아
경건한 기도의
촛불을 켠다!
사랑의 불을 켠다

여기저기
맑은 사랑으로
숲이 환해진다.

숲속에서 13

비우는 계절을 앞에 두고
가끔 허무의 눈물이 나면
나의 어깨를 빌려 줄테야

봄을 잉태한 아지랑이 숲
한 움큼씩 소낙비를 마시고
나무들의 손금을 만든다

바늘 같은 솔잎으로
가을을 꿰매어 수를 놓으면
솔방울 끝에서 나는 풍경소리

자전거를 타듯 시간을 타자
너는 계절의 앞바퀴를 돌리렴
나는 계절의 뒷바퀴를 돌릴게

숲속에서 14

바다로
가고 싶던 나무
바람이 불 때마다
파도소리를 흉내냈다
광합성으로
점점 더 짙어진 초록
계절을 앓으며 삭아져 갈 때
울음 대신 나무 가지
가장 높은 끝에서
바다의 파도처럼
부서져 내렸다
쏴아아아아아아
숲으로 이루어진
황금빛 바다가 된다

꿈꾸는 숲이 된다.

숲속에서 15

이른 새벽

바람의 길을 따라

기도처럼 내려온 다정

나무의 잎사귀 위에서

얼굴을 붉게 물들이다

윤슬 되어 나무 잎사귀마다

금빛으로 수를 놓았다

깊은 숲속

하나님 심정 같은

주님의 다정한 호흡

풀잎에 진주처럼 빛나다

꽃잎에 눈물 되어 흐른다!

숲에는 주님의 다정함

떨어진 단풍잎보다

더 많이

희락의 강물 위에

흐르고 있었다.

숲속에서 16

사람의 마음에도
사막이 있다

모래폭풍이 불면
꿈은 낡아지고
삭아져가는 가지 끝
바사삭 소리로
소멸을 한다
새벽 미명
가난한 봄날 심어 둔 햇살
계절의 갈피마다 피어내던
색색의 고운 꽃들을
떠나보내기 위한
낙헌제(樂獻祭)를 준비한다!

석류 빛으로 빛나던
인생의 모서리
상처 난 길목

곱씹던 운명의 뿔
붉은 실보다 더 붉은
숲속에 서서
바람을 맞는다!
성난 바람의 칼날
베이고 또 베이면
베인 곳마다 흐르던
주님의 보혈
저녁 어스름처럼
아스라한 주님
못자국 난 그 손길
베인 상처마다
낡고 삶아 지는 꿈을
낙헌제(樂獻祭)로 바꾸신다!
고운 얼굴 위로
연분홍빛 연한 빗물
기도되어 흐른다.

숲속에서 17

11월 첫날 숲속에는,

텅빈 초원, 텅빈 골짜기
텅빈 계곡, 텅빈 절벽
텅빈 파도, 텅빈 하늘
텅빈 별빛, 텅빈 우주

야곱의 초막절(草幕節)
상수리나무 아래 묻던
세상의 모든 화려한 신상(神像)
늙고 거북한 유한한 인생(人生)

과거라는 가시광선이
현재라는 자외선이
미래라는 적외선이
숲속에서 초막절(草幕節)을 지낸다

짙게 냄새나던 침묵이

향기로운 침묵이 되기를
고개를 숙이며 익어가는
맑음과 거룩한 참된 향기

고난의 경계에서 아슬아슬하게
하염없이 떨어지며 배우던
세상을 지나가는 순례자의 삶
하늘로 오르는 주님의 은혜

노을보다 붉던 여기 이곳 숲속
흰빛으로 물들 겨울을 향해
치밀어 오르는 감동의 파고
순백의 경건한 고별을 한다

11월 첫 날 숲속에는~

숲속에서 18

봄날의 약속

이루어질 일들을 미리 담보했던
부드러운 연한 녹색을 띠던
잎사귀들의 시간이 낡아져
고엽 색으로 떨어지고 있다

숲으로 난 길 위에는
내년의 만날 봄의 시간들이 누워있다

봄날을 약속하며

숲속에서 19

새벽의 숲은 기도시간
하늘을 향한 넘쳐나는 기도의 향기
새들의 아름다운 기도소리가 세상을 깨운다!
이름 없는 꽃들이 눈물로 기도를 하면
허공에 뿌려지는 아침빛의 향연
무릎을 꿇은 나무들이 두 팔을 벌리고
하늘을 향해 성령의 바람을 따라
통성으로 기도를 올리면
삼라만상(森羅萬象)이 공명하는 새벽기도

동면의 긴 잠이 들기 전에

숲속에서 20

겨울 빈숲

보이지 않는
형형색색(形形色色)의 아름다움
하얀 눈 속에 파묻힌
금상첨화(錦上添花)가 있다

꿈꾸는 자들만
볼 수 있는 거룩한 빈숲의 절정
눈물 나는 경건이다.

숲속에서 20

요한계시록 22장 20절

이것들을 증언하신 이가 이르시되
내가 진실로 속히 오리라 하시거늘
아멘 주 예수여 오시옵소서!

5부
마라나타.
우리 주님 어서 오시옵소서!

사랑1
-다섯 처녀-

스멀스멀
하늘에서 소리 없이 내린다
가늠할 수 없는 바람의 무게처럼
소금기로만 가득 찬 하얀 생각들이
빗방울이 되어 내린다
오래전부터 당신이 보이지 않았다
내 속에 남겨진 잔상들을
잘게 쪼개고 쪼개어
보이지 않을 때까지
공기처럼 투명하여 보이지 않을 때까지
내 속에서 곰삭혀 산화되어 흩뿌려지다가
다시 방울방울 떨어져
촘촘하게 무늬 져 얼룩 거렸다
사랑은 그렇게 얼룩을 남겼다
남겨진 당신의 흔적
누런 재생지 위에
사각거리며 쓰던 사랑이란 글씨
손끝에 추억처럼 앉아 있는 연필 한 자루

꿰매어진 낡은 습작 같던 추억들을
꼬깃꼬깃 구겨 종이배를 접는다
근원을 알 수 없는 곳에서부터 흐르던 물줄기
남겨진 자의 목숨 줄 같은 생명의 물줄기
그곳으로 흔들리며 낡은 사랑이 간다
흔들흔들 울면서
사랑이 간다.

사랑2
-다섯 처녀-

갯벌에 우두커니 앉아 있던 바람
주름이 잡혀 골진 흙빛 갯벌 사이로
달아나는 파도의 발꿈치를 쳐다본다

아무 일도 없었던 것처럼
달빛은 조용하게 차오르고
서해바다 저 끝에서 펄럭거리다
파도를 따라 숨차게 달려와
주름진 갯벌에 앉아있다

먼 여행에서 돌아온 나그네처럼
뒷모습은 흙빛 개흙에 감추고
짜디짠 물결을 따라
타이완을 지나, 필리핀을 지나,
인도네시아를 지나, 예멘,
소말리아, 탄자니아, 마다가스카르
남아프리카 공화국까지
멀리 멀리 달빛을 따라갔었다

푸르디푸른

시간들을 풀어헤치고

미끄러지듯이 텀벙거리며

달빛을 따라 낯선 이방의 나라로

시곗바늘이 제자리에서

이만 천구 백 번이나 돌아가고 있는 동안

바람처럼 그렇게 멀리 멀리 갔었다

달빛이 비추이는 어느 곳이든

흔들면 흔들리는 물결을 따라~

사랑3
-다섯 처녀-

풍속 1미터 이상
5미터이하의 바람 속으로
떠밀려갔던 사랑이
작은 파도처럼 속절없이
주름살모양으로 자꾸 퍼지며
잔물결로 오고 있다

음지식물처럼 수줍게
수레바퀴 밑에서나
꽃을 피우는
부끄럼장이 내 얼굴 위로
비집고 들어오는
틈새의 빛살처럼 오고 있다

빛살은 잔존생물처럼
광선들을 부챗살로 만들어
나무들의
어깨와 겨드랑이

두 무릎사이를 지나
맑은 바람 끝에
서글프게 불을 켜고 있는
낮달 같은
내 두 볼을 매만져 주고 있다

너는
경도 제로
위도 제로
서아프리카 바다 위 오세니 안
민트그린의 바다 위까지 떠밀려갔었다

나를
경도 육십구
위도 팔십
그린란드 던대스
아이스 블루위에
꽁꽁 얼어붙도록 세워두었다

사랑은

그렇게 오래도록

얼음 속에 음전하게 세워져있었다

이제 봄노래를 부를 차례야

나를 위해 네가 내는 음은

어디에 속할까

반음 높아도

반음 낮아도

오르락내리락해도 좋아

그저 네가 나를 위해 부르는 노래라면 말이야~

너는 적도에서 살아남았고

나는 빙하에서 살아남았으니

네가 노래를 부르면

나는 허밍으로 따라 할 테니 말이야!

사랑4
-다섯 처녀-

경도69 위도80의 그린란드 던대스

나는 그곳에 발이 묶인 채 얼어붙어있었다

이천년이 지나도록 오지 않는 그대를

그리워하면서……

새봄이 시작되는 3월의 첫날

꽁꽁 얼어붙어 움직이지도 못하는

나를 위해 당신은

나의 하늘 위에 그림을 그리기 시작했다

태양의 양성자 100만ev 이상의

고 에너지 태양풍

지상 300km에서 600km 공간

허공 속 전리층 전시실

플라스마 입자들이 최첨단

그림으로 전시되었다

지구의 자기장에 끌려온

태양의 전자와 양성자

전시실에서 수증기처럼 마음이 들뜨고

눈물 같은 별이 방울방울 뜨는 저녁

저위도의 하늘 위엔

은하수보다 길고 긴

르누아르 풍의 액션 페인팅

헬륨과 나트륨이

하늘 도화지 위에서 춤을 춘다

Spring Green

Tomato Green

Oliver Green

Yellow Green

Blue Green

Sea Green

Mint Green

헬륨과 나트륨이 맨발로 추는 춤

파장 557.7nm 초록빛의 출렁임

파장 636.4nm 붉은빛의 출렁임

파장 427.8nm 파란빛의 출렁임

커튼처럼 나를 감싸 안았다가

징검다리를 만들고 나를 유혹한다!

회오리바람처럼 내려와

사랑4

입술에 머문다

당신의 입맞춤

내 깊은 한숨은 질소와 산소를 만들고

그것들의 분자와 원자는

당신의 태양 전자와 양성자를 만나게 했다

높고 높은 하늘 끝에서

지상으로 떨어지며 방출하는

고유의 아름다운 빛

당신의 퍼포먼스

오로라폭풍

온밤이 지새도록 보여준 사랑의 퍼포먼스

서서히 열리는 새벽빛 속에서

경도69 위도80

그린란드 던대스의 얼음 속에 파묻힌

얼어있던 내 마음속에

붉디붉은 샐비어 꽃 한 송이를 피워냈다

어쩌면

당신의 징검다리를 건널 수도 있겠다.

사랑5
-신랑 되신 예수님-

우수에 찬 둥글고 까만 너의 눈동자를

내 속에 담을 수가 없었다

울고 있는 너를 갯벌에 앉혀놓고

떠나는 나는 뜨거웠었다

내 손이 너를 만지는 순간

종이처럼 화르르 타버린다는 것을

너는 알지 못했다

다시 너에게로 가기 위해

Mint Blue의 파도를 따라가는 동안

Cherry Red

Rose Red

Wine Red

Crimson Red

Berry Red

Apple Red

Signal Red

True Red의
뜨거운 내 몸뚱이는
본초자오선까지 가서야
무역풍을 만날 수 있었다
적도 상공에서 일어나는 강한 바람
그곳에서 서서히 나를 식히고 있다
너에게로 가기 위한 시간들이
북극성 견우별에서 베가를 중심으로
돌고 있다

일 년 내내 낮과 밤의 시간이 같은 이곳에서
평생토록 너와 나의 시간이 같아지기를
네가 얼어 붙어있는 그 먼 곳
그린란드 던데스
너를 녹이기 위해
나는 노래를 준비한다
네가 허밍으로 따라 불러주기를 기대하며……

만지면 녹을 만큼의 온도를 유지하며……

사랑6
-신랑 되신 예수님-

네가 나를 기다리는 시간은 2000년
내가 너에게 가고 있는 시간은 2일

네가 나를 기다리다 지쳐버린 시간은
살바도르 달리의 시계처럼 흐물거리며
모차렐라 치즈처럼 녹고 있다

나의 비행은 빛의 속도로 날아서
푸른 별의 너에게 가고 있었다

6000만 광년 떨어진 천체 우주 공간
남반부 하늘 황새치자리
NGC1672
뜨겁고도 뜨거운 젊은 별들 속에서
Mint Blue별
mint Green별
Bewitching Pink별들로
하염없이 폭발하고 또 폭발하는……

푸르게 터졌다가 분홍빛으로 사위어가는
수소기체가 솜사탕처럼 퍼져서
바실리 칸딘스키풍의 그림처럼
온 우주가 채색되고 있는
아름다운 시간들을 지나서
빛살을 타고 잔존생물처럼
너에게로 가고 있었다

중성자의 별
초신성 폭발잔해
소립자로 이루어진 뜨거운 기체의 몸

경도와 위도가 제로인
적도의 하늘 위에서
나는 나를 식히고 있었다

자운영 꽃같은 얼굴을 하고
낮달처럼 서글픈 미소를 지닌
네 두 볼을 매만져주고 싶었다
너를 향한 나의 입맞춤
나의 사랑이 너에게 이르기를 바라며
내가 만든 사랑의 퍼포먼스

오로라폭풍이 만든 징검다리

너는 천천히

오로라 징검다리를 건너서

나에게로 오기를……

사랑7
-신랑 되신 예수님-

오로라 시냇물은 푸르게 흐르고
별들로 촘촘히 만들어진 징검다리
빛나는 별을 밟고 중간까지 걸어가면
건너편에 서서 울고 있는
낮달 같은 당신얼굴이 보였다
부드러운 살구 빛 조그만 발을 내밀어
내가 만든 치자 꽃처럼 하얀 별빛 징검다리
용기 내어 건너와주기를 간절하게 바라며.....

그러는 동안 88개의 별자리가 우주공간에
강력한 항성풍(恒星風)을 뿜으며 분자운(分子雲)을 날렸다
북반부에서는 사자자리 오리온자리
백조자리 페가수스자리 카시오페아자리에서
남반부에서는 남십자성자리 센타우루스자리
테이블마운틴자리 큰부리새자리에서
각각 고유의 색상으로 터지고 분열하며
아름답게 물들이며 자외선을 방출했다

창조의 기둥 독수리 성운

E42 별들의 자궁에서 터지는 신성우(新星雨)

은하가장 자리의 전리수소 영역 CTB102

이온화된 수소기체가 별들의 주변에

무겁게 흩어져 내리고 하늘을 물들인다

치자 꽃처럼 하얀 별빛 징검다리 위의

나를 향해 살구 빛 조그만 발이

징검다리를 밟으면

초신성(超新星)은 꼬리에 불을 붙이고

와르르 떨어져 검푸른 공간에서

별똥별로 소멸되었다

조심스레 징검다리를 밟으며

어린아이처럼 두 팔을 벌리고

떨어지는 눈물을 닦고 또 닦으며

푸르스름한 초록빛 오로라 시냇물에

발이 빠지지 않으려고 조심조심

천천히 나에게로 그대가 오고 있다

아직도 저 먼 우주(宇宙)에서는
새로운 별들의 탄생이 시작되는 소리가
천상(天上)의 하모니처럼 울려퍼진다

그대가 걸어오는 동안 허공에는
그대가 겪었던 슬픔들이 영화의 장면처럼
파노라마로 펼쳐져 허공에서 상영(上映)이 되고
어떻게 슬퍼했는지~
무엇을 아파했는지~
무엇을 견뎌냈는지~
어떻게 참아냈는지~
빙하의 얼음 속에서 음전한 모습으로
마음을 다스렸던 시간과 공간들이
걸어오고 있는 내내 나를 이해시키기 위해
당신의 뒤에서 펼쳐지고 있다는 걸
당신은 몰랐다

찰랑이며 떨어져 내리는 눈물
징검다리에 서서 눈물을 닦고 있는
당신을 위해 성큼성큼 큰 걸음으로
당신에게로 가서 아직도 떨고 있는
작은 어깨를 부드럽게 감싸 안았다

당신에게서는 솜사탕처럼 온유한
백서향의 향기가 달큰하게 나고 있었다

부드러운 내 두 손으로
낮달 같은 당신의 얼굴을 감싸 쥐고
흐르는 눈물을 닦아주었다
기다리느라 너무 애썼다고
한손으론 너를 안고
한 손으론 등을 쓰다듬으며
네 울음이 잦아들어
머리를 내 가슴에 기대어 포옥 안길 때
한 손으론 당신 머리를 받치고
한 손으론 분홍 꽃잎 같은 볼을 만지며
2,000년이나 참고 참은 당신과 나의 사랑으로
깊고 깊은 입맞춤을 하였다

북반구와 남반구의 하늘위에선
초신성(超新星) 별들이 천상의 하모니처럼
쏟아져 내렸다.

색 이름 해석

p. 47
Emerald -에메랄드에서 볼 수 있는 화려함이 있는 초록
Mystic Gold - 신비로운 빛을 발휘하는 골드를 이미지화한 온화한 노랑

p. 48
Ruby Red - 홍옥에서 볼 수 있는 화려한 빨강
Gohun - 굴이나 조개껍데기를 빻아 만든 일본의 대표적인 흰색안료와 같은 따뜻한 흰색
Birch Brown -자작나무 소재 가구에서 볼 수 있는 다크 갈색
Ebony Black - 흑단(가구나 악기 재료로 많이 쓰는 나무)을 이미지화한 검정
Zippy Green - 매우 쾌활하고 건강한 이미지의 노란빛을 띠는 선명한 초록
Ent Green - 반지의 제왕에 등장하는 숲의 거인 엔트를 이미지화한 다크한 초록
Sylvan Green - 숲의 나무나 숲속의 생명체가 떠오르는 온화한 연두

색 이름 해석

p. 49

Bubble Blue - 물거품처럼 연하고 몽환적인 라이트한 파랑

Echo Blue - 그리스신화에 나오는 숲의 정령이 떠오르는 자줏빛을 띤 파랑

Mermaid Blue - 인어공주를 이미지화한, 온화한 초록빛의 아쿠아색이 도는 파랑

Undine - 숲속의 샘물이나 강물의 정령인 언딘을 이미지화한 푸른빛을 띠는 초록

p. 54

Mocha Beige - 카페 모카 같은 마일드한 내추럴 베이지 우유빛의 갈색.

Egyptian Blue - 규산동으로 만든 청색 안료로 '이집션 블루'라고 이름 붙여진 파랑

Green Scarab - 고대 이집트에서 장수의 상징인 풍뎅이 부적에서 볼 수 있는 스카라베의 초록

p. 60

Emerald Blue - 에메랄드에서 볼 수 있는 살짝 그린빛을 띤 파랑

p. 61

Dark Green - 진하고 어두운 블랙에 가까운 짙은 초록

p. 123

Turq Carib - 카리브해가 떠오르는 초록빛을 띠는 파랑

p. 192

Spring Green - 만물이 소생하는 봄의 촉촉한 연초록과 같은 노란빛이 도는 초록

Tomato Green - 익어서 붉기도하고 익지 않아 초록빛이 띠기도하는 토마토같은 초록

Oliver Green - 올리브색이 섞인 초록

Yellow Green - 노란 개나리색이 띠는 초록

Blue Green - 푸른빛이 띠는 초록

Sea Green - 푸른 바다의 청량함이 섞여 청록빛이 띠는 초록

Mint Green - 민트의 색감을 대표하는 부드럽고 상쾌하고 선명한 초록

p. 194

Cherry Red - 새빨갛게 익은 체리와 같은 선명한 빨강

Rose Red - 붉은 장미꽃처럼 화려하고 진한 빨강

Wine Red - 보르도와인같은 포도주색의 빨강

Berry Red - 잘익은 산딸기처럼 짙고 검붉게 보이는 빨강

Apple Red - 새빨갛게 익은 사과가 떠오르는 깊이 있고 선명한 빨강

Signal Red - 신호등의 빨강이나 경고등의 빨강처럼 환하고 밝은 빨강

Crimson Red - 강렬하며 밝고 짙은 빨강에 약간의 파란 색이 섞여 보라빛이 도는 빨강

True Red - 진짜 새빨갛게 보이는 짙은 빨강

p. 197

Bewitching Pink - 황홀할정도로 매혹적인 느낌이 드는 분홍

송휘령은 모든 인본주의적 문학세계에서 신본주의적 문학세계를 새롭게 만드는 중이다. 아무도 알아주지 않아도 오늘도 묵묵히 걷고 있다. 빨강색 겉표지 「에덴동산 속 아담과 하와」시집을 출판하며 연이어 주황색표지로 「보리떡 다섯 개와 물고기 두 마리」를 준비 중이다.

또 노란색 표지인 「당신의 영혼을 수선해드립니다」를 준비 중이다.

오랫동안 미술학원, 선교원, 어린이집에서 교사와 원장을 하며 그곳에서 일어 난 에피소드를 가지고 소설 「자작나무 숲 어린이집1」 2021년 6월에 출판하였고 2권 집필 중에 있다. 3분의 시인과 함께 공저시집 「그대는 돌아보지 않고 찬란하게 진다」 2021년 9월에 출판하였다. 중, 단편소설 「길을 걷다」 수필 「영혼의 오락부장」을 교정 중에 있다.

에덴동산 속 아담과 하와

1판 인쇄	2024년 12월 20일
지은이	송휘령
인쇄	한국학술정보(주) 북토리 031-940-9980
펴낸이	송휘령
펴낸곳	자운영 꽃
출판등록	제 2023-000107 호
주소	서울 강서구 까치산로 18나길 37-9 Y.H 501호
스마트폰	010-9691-2009 송휘령
이메일	revive1208@naver.com
NAVER 블로그	revive1208
인스타그램	shine.ridge

* 이 책은 자운영 꽃 출판사에서 한국학술정보(주)와 함께 계약에 따라 발행한 것이므로 자운영 꽃 출판사나 한국학술정보(주)의 서면 허락 없이 어떠한 형태나 수단으로도 이 책의 내용을 이용하지 못합니다.
* 잘못 만들어진 책은 구입하신 곳에서 바꾸어 드립니다.
* 이 책은 저작권법에 의해 보호받는 저작물이므로 무단전재와 무단복제를 금합니다.

ISBN 979-11-974769-7-6
정가 16,000원